Christiane Florin

Der Weiberaufstand

Warum Frauen in der katholischen Kirche
mehr Macht brauchen

Kösel

 Dieses Buch ist auch als E-Book erhältlich.

FSC MIX
Papier aus verantwor-
tungsvollen Quellen
www.fsc.org FSC® C083411

Verlagsgruppe Random House FSC® N001967

Copyright © 2017 Kösel-Verlag, München,
in der Verlagsgruppe Random House GmbH
Neumarkter Str. 28, 81673 München
Umschlag: Weiss Werkstatt München
Satz: Uhl + Massopust, Aalen
Druck und Bindung: CPI books GmbH, Leck
Printed in Germany
ISBN 978-3-466-37191-4

Weitere Informationen zu diesem Buch
und unserem gesamten lieferbaren Programm finden Sie unter
www.koesel.de

Inhalt

Anfang vom Aufstand

Noch gehöre ich nicht zur Kern-Zielgruppe von Fernsehgottesdiensten. Aber am Pfingstmontag 2016 schaue ich mir im Ersten die Übertragung des Pontifikalamtes aus dem Mainzer Dom an. Verabschiedet wird Kardinal Karl Lehmann. 33 Jahre lang war er Bischof von Mainz. Ich habe ihn wenige Tage zuvor für den Deutschlandfunk interviewt. Fast eineinhalb Stunden haben wir miteinander gesprochen, teils mit Mikrofon, teils ohne: über die Päpste von Johannes XXIII. bis Franziskus, über seine Widersacher in der Bischofskonferenz und über die Schwangerenkonfliktberatung.

Ein Thema habe ich für den Schluss des Interviews aufgespart: Wann wird es die erste Bischöfin von Mainz geben? Das frage ich – mit wechselnden Ortsnamen – jeden katholischen Bischof, der mir begegnet.

Wobei: »Fragen« ist das falsche Verb. Quälen kommt der Sache meist näher. Die Interviewpartner rollen beim Wort »Bischöfin« die Augen, jedenfalls schauen sie mich nie direkt an. Kardinal Karl Lehmann schon. Wir kennen uns eine Weile, die Frage dürfte ihn nicht überrascht haben. Er lacht. Er sei schon froh, wenn es irgendwann Diakoninnen gebe, antwortet er. Ist das überhaupt eine Antwort? Eine Jahreszahl nennt er nicht. Stattdessen führt er Frauenquoten für kirchliche Führungspositionen an und die gestiegene Zahl an Theologieprofessorinnen.

Ich versuche es noch einmal: Und die Weihe? Diese Fixierung auf das Amt sei falsch, sagt er. Ich nehme einen letzten Anlauf: »Es wäre gut, wenn Frauen genauso amtsfixiert sein dürften wie Männer. Und wenn sie dieselben Fehler machen dürften wie Männer.« Wir hatten kurz zuvor über seinen einstigen Nachbarn Franz-Peter Tebartz-van Elst gesprochen. Lehmann lacht wieder. Nachhaken zwecklos. Das Interview ist zu Ende. Ein paar Tage später wird Papst Franziskus ankündigen, dass er eine Kommission plant. Diese soll die Rolle von Diakoninnen in der Kirchengeschichte untersuchen und prüfen, ob es diese dienstbaren Geister wieder geben könnte. Kleine Kommission, großer Konjunktiv.

Froh über Diakoninnen – solche Worte, öffentlich ausgesprochen, reichen, um in der katholischen Kirche Kardinal auf liberal zu reimen.

Beim Pontifikalamt im Mainzer Dom ziehen Messdiener ein, Domsingknaben, Priester, Bischöfe, Kardinäle. Wenn die Kamera in die Altar-Totale geht, sind Männer unter sich. Schwenk ins Publikum: singende Frauen in Großaufnahme. Die Ministerpräsidentin von Rheinland-Pfalz, Malu Dreyer, kommt ins Bild. Schwenk zurück auf den Bischof, der in der Mitte Platz genommen hat. »Altar, der, männlich«, sagt der Duden. »Heiliger Geist, der«, auch männlich. Das grammatisch, sozial, klerikal dominante Geschlecht ist an diesem Pfingstmorgen nicht zu übersehen.

Meine Tochter betritt das Wohnzimmer. Die Pubertistin wirft einen Blick auf den Bildschirm und will sofort gehen. »Fällt dir etwas auf?«, frage ich sie. Die 13-Jährige zuckt mit den Schultern. »Findest du es nicht komisch, dass lauter Männer am Altar sind, dass weder Messdienerinnen noch Chorsängerinnen zu sehen sind?« – »Nö, das ist doch in der Kirche immer so«, sagt sie.

Mit 13 hat man noch Träume. Manche davon haben sich in diesem Alter schon erledigt. Meine Tochter achtet darauf, dass Sonnenmilch keine Mikropartikel enthält, die in den Wasserkreislauf gelangen und von Meerestieren geschluckt werden könnten. Sie verzichtet auf Fleisch und Fisch wegen des Weltklimas. Sie werkelt nächtelang an einem Businessplan, um sich als Unternehmerin für Design-Taschen aus alten Milchtüten selbstständig zu machen. TetraBag soll die Firma heißen. Aber Frauen an den Altar? Das ist für sie der Jute-Sack unter den politischen Kampfthemen, keinen Businessplan und kein Recycling wert.

Sie wirft noch einen klimabesorgten Blick auf die Weihrauchentwicklung im Mainzer Dom, dann schaut sie mich skeptisch an und geht hinaus. Mutmaßlich nimmt sie gleich das Smartphone in die Hand und ruft ein Beauty-Video auf. Das ist ihr Pontifikalamt.

Und ich sitze wieder allein vor dem Bildschirm. Allein unter Männern.

Nach elf Minuten steigt die erste Frau die Stufen zum Altar hinauf. Sie trägt die Lesung vor. Das nächste feminine Einsatzgebiet sind die Fürbitten. Bitten ist weiblich. Ich poste meine Beobachtungen auf Facebook. Es gibt viele Likes. »Worauf Sie so alles achten«, schreibt ein Kommentator. Es klingt ein wenig vorwurfsvoll, schließlich kommt es beim Gottesdienst auf Andacht an.

Warum achte ich darauf?

Dies ist kein Betroffenheitsbuch. Das Weib schweige in der Gemeinde, heißt es in alten Bibelübersetzungen, Paulus schrieb diesen Satz an die Adresse der Korintherinnen und Korinther. Geredet wird viel über dieses Schweigen, in den Gemeinden, in den Medien. Einmal, in einer Presseclubsendung zum Rücktritt von Benedikt XVI., fragte mich der Moderator nach meinem nächsten Wunschpapst. Den Kalauer »Mir wäre eine Päpstin am liebsten«, konnte ich mir nicht verkneifen. Diskutiert wurde darüber nicht, war ja nur ein Witz.

Ich leide nicht darunter, prinzipiell vom Amt ausgeschlossen zu sein. Priesterin wollte ich nie werden. Insofern wurde mir kein Weg versperrt, den ich gern gegangen wäre. Manchen Pfad hat die Kirche sogar eröffnet: Ich habe an einem katholischen Mädchengymnasium im Jahr 1987 Abitur gemacht. Damals war bei uns auf dem Dorf im rheinisch-kirchlichen Kernmilieu noch die Einstellung verbreitet, dass sich Mädchen die Flausen mit der höheren Schulbildung aus dem Kopf schlagen sollten. Ehefrau und Mutter mit Abitur – wer braucht denn so was?

Unsere Schule war da weiter. Dass uns die Ursulinen zu Müttern, Haus- oder Ordensfrauen heranziehen wollten, kann ich nicht behaupten. Im Gegenteil. »Mädels, verlasst euch bloß nicht auf einen Kerl«, sagte eine Nonne. Mitschülerinnen raunten, sie sei aus enttäuschter Liebe ins Kloster gegangen. Ich habe es nie überprüft, geraunt wurde ohnehin vieles über die Schwestern. Jedenfalls unterrichtete diese Ordensfrau Mathematik und machte sich lustig über Schülerinnen, die sich nur mit Sozialkram und Pädagogik, mit Kunst oder mit Mode beschäftigten. Mädchen sollten rechnen können, naturwissenschaftliche Fächer wählen, in Männerdomänen gehen. Das nahmen wir von ihr mit. An meiner Ursulinenschule war immer Girls'Day, lange bevor der offiziell erfunden wurde.

Ein früh- oder spätkindliches Exklusionstrauma habe ich nicht zu bieten. Je älter ich werde, je mehr Erfahrungen ich mit und in der katholischen Kirche gesammelt habe, desto mehr fallen mir die Nadelstiche auf. Die selbstverständlichen Benachteiligungen, die Ignoranz, die Arroganz, die sich als Demut tarnt, das Nicht-Ernstnehmen, nur weil das Gegenüber eine Frau ist. Würde man so handeln und reden, weil dieses Gegenüber eine dunkle Hautfarbe hat, dann wäre man Rassist. Handelt und redet man so, weil das Gegenüber eine Frau ist, was ist man dann? Katholisch.

Zugegeben, der liberale Kardinal Lehmann hat Recht. Es gibt

mittlerweile Theologieprofessorinnen, obwohl im 19. Jahrhundert behauptet wurde, das Hirn der Frauen sei zu klein für ein Universitätsstudium. Es gibt Seelsorgeamtsleiterinnen in den Ordinariaten, die Priestern vorgesetzt sind. Es gibt eine selbstverordnete Frauenquote von 30 Prozent für die Verwaltungen der Bistümer, obwohl es noch gar nicht so lange her ist, dass Mitglieder des Episkopats in Talkshows von der Frau als gottgefälliger Vielgebärerin schwärmten und dabei einen Ton anschlugen wie Loriot beim Lobpreis der geschlechtsreifen Steinlaus.

Die Vatikan-Kommission zur Ermittlung der Diakoninnenmöglichkeit tagt, es ist nicht ausgeschlossen, dass es eine Art weibliches Amt oder einen neuen Dienstgrad geben wird. Es hat sich also teils statistisch, teils atmosphärisch einiges getan.

Das lenkt von größeren Entwicklungen ab, die in eine ganz andere Richtung weisen: Die Nicht-Weihe von Frauen ist – ähnlich wie die Aussagen zur Homosexualität – in den vergangenen Jahrzehnten zur Glaubensfrage, zum katholischen Identitätsmerkmal aufgestiegen. Das Nein wurde härter; zugleich sollten Frauen doch bitte schön für jedes weich-wertschätzende Wort aus Rom dankbar sein. Spätestens seit dem Schreiben »Ordinatio Sacerdotalis« von Johannes Paul II. aus dem Jahr 1994 ist klar: Wer die Frauenordination fordert, der kann nicht katholisch sein. Die dürftigen theologischen Argumente gegen eine Weihe werden in dem Papier mit Stahlbeton angerührt. Die Verteidigungslinie heißt: Die Kirche ist gar nicht befugt, das zu entscheiden! Das hat der Heilige Johannes Paul so entschieden! Und der war befugt!

Wenn daran noch nicht jeglicher Widerspruch zerschellt, fahren Lehramtstreue vom Küster bis zum Kardinal den Betonsatz schlechthin auf: Es gibt wichtigere Themen! Neudeutsch heißt diese Taktik Whataboutism. Im Kirchensprech klingt das dann so: In jeder Sekunde verhungern 1000 Kinder! In Syrien herrscht Krieg! Christen werden enthauptet und gekreuzigt! Und Sie, Frolleinchen, wollen über die Frauenweihe reden? Wie wäre es denn damit, die echten Probleme anzugehen? Wie wäre es, wenn Sie sich zum Beispiel um die islamischen Kinderbräute kümmern würden?

Die Kämpferinnen für die Weihe, die sich davon nicht beeindrucken lassen, sind ergraut. Jüngere Frauen, die der Männerclub stört, protestieren nicht mehr. Sie verabschieden sich still aus der katholischen Kirche, ohne wütende Resolution. Die Kirche ist nicht einmal mehr Empörung wert. »Ich schäme mich dafür, wie unsere Kirche mit Frauen umgeht.«, sagte mir kürzlich am Rande einer Tagung eine Bildungsreferentin. Von hauptamtlichen Männern höre ich solche Sätze selten. Die Befugnis-Bewahrer mögen die Stille um das Thema als Triumph deuten; tatsächlich ist nicht das Thema Feminismus unwichtiger geworden, sondern die Kirche. Es ist die Ruhe nach dem Bedeutungsverlust.

Mir ist die Kirche nicht egal. Ich möchte mich, bei allem Zorn auf den Hunger in der Welt, nicht damit abfinden, wie Frauen in der Großinstitution abgespeist werden. Dieses Abspeisen beleidigt Geist und Gerechtigkeitsempfinden, sicher nicht nur meinen und mein.

Als ich von diesem Buch erzählte, fragten mich viele: Was soll denn die Weihe von Frauen bringen? Die evangelische Kirche hat Pfarrerinnen, steht die etwa besser da?

Ich werde in den nächsten Kapiteln nicht beweisen, mit welchen Pluspunkten das Weibliche in die Besucher-Bilanz eingeht. Das haben Frauen nicht nötig. Die Kirchenrechtlerin Sabine Demel schreibt ebenso knapp wie klug gleich zu Beginn ihres Buches über Frauen und kirchliches Amt: Eine solche »Mehrwertdebatte« ist entwürdigend, weil sie die Gleichwürdigkeit leugnet. Dabei betont gerade die Kirche in gesellschaftspolitischen Debatten, dass Würde nicht an Leistung geknüpft werden darf. Das müsste auch für den Altarraum gelten.

Ich bilde mir nicht ein, mit 170 Seiten eine 2000 Jahre alte Patriarchats-Praxis ändern zu können. In einer Welt, in der Millionen Mädchen ihr Leben nicht selbstbestimmt führen können, wird die Frauenfrage eher größer als kleiner. Sie wird sich eines Tages für Saudi-Arabien stellen, und eben auch für den Vatikan. Damit setze ich nicht Zwangsehen, Genitalverstümmelungen, die Abtreibung von Mädchen und all das speziell weibliche Leid auf eine Stufe mit dem Verbot der Priesterinnenweihe. Ich habe kein schlechtes Gewissen, weil ich trotz schlimmerer Schicksale diese eine Debatte suche. Am Ende des Buches können Sie selbst entscheiden: Ist der Ausschluss vom Amt richtig und die Kritik daran wehleidig? Ist er eine Unverschämtheit? Ein Unrecht?

Sichtbar wird an vielen Stellen, was das vermeintlich rein Innerkirchliche mit einer weltweiten antifeministischen Entwicklung zu tun hat. Diejenigen Kleriker und Nicht-Kleriker, die sich so unangepasst wähnen, weil sie bei gleicher Qualifikation Männer bevorzugen, sind global gesehen ziemlich konforme Gestalten. Sie surfen auf der Trump-Föhnwelle.

Dieses Buch bricht kein Tabu. Über Frauen in der Kirche sind gerade in jüngster Zeit einige neue Publikationen erschienen. Besonders erwähnen möchte ich »Andere Wesen« von Theresia Heimerl, »Unser Pfarrer ist eine Frau« von Lea Ackermann und Helga Unger, und – gerade genannt – »Frauen und kirchliches Amt« von Sabine Demel. Mein Ansatz ist weder rein theologisch noch kirchenrechtlich, ich mische biografische und gesellschaftspolitische Überlegungen hinein. Erlebtes und Erzähltes ergänzen theologische Gedanken und kirchenrechtliche Grundlagen.

Was passiert, wenn Frauen in der Kirche fragen oder fordern? Das meiste ist nicht spektakulär, nichts davon provoziert noch einen Aufschrei. Gerade in diesem selbstverständlichen Abbürsten liegt der Schlüssel zum Thema. Für das Nein bringt das Lehramt mehr Fantasie – und wohl auch mehr Liebe – auf als fürs Ja. So viel vorweg: Für die Härte der Hierarchie habe ich kein Verständnis. Ich werde mich gerade deshalb ums Verstehen bemühen. Die Leserinnen und Leser sollen wissen, mit welchen Argumenten, aus welchen Gründen und mit welchen Begründungen die Weihe abgelehnt wird. Meine Hoffnung ist, frei nach Hölderlin: Wo das Falsche wächst, wächst das Richtige auch.

Dieses Buch versteht sich als Streitschrift und Streifzug. Es formuliert keine weibliche Gegen-Lehre. Ich maße mir nicht an, ex cathedra für »die katholischen Frauen in Deutschland« zu sprechen. Es gibt in dieser Frage weder Einigkeit noch Geschlechtersolidarität. Ich habe mit Frauen gesprochen, die für Priesterinnen kämpfen und mit anderen, die einen Mann am Altar möchten, weil in ihnen sonst kein Hochamtsgefühl aufsteigt. Viele kommen zu Wort, die irgendwie dazwischen stehen: Weihe wäre schön, aber ohne geht's auch.

Um noch einmal auf jenen Pfingstvormittag vor dem Fernseher zurückzukommen: Warum achte ich auf den Frauenanteil im Mainzer Dom? Weil mir – abgesehen von weiblichen Gesichtern am Altar – noch etwas Anderes fehlt: Über Theologie, Kirchenrecht und Kirchengeschichte wird viel gesprochen. Über Macht wenig. Als Politikwissenschaftlerin befasse ich mich genau damit. Die Frauenfrage ist eine Machtfrage, auch wenn viele Autorinnen tapfer das Gegenteil behaupten. Das Bild der Tür wird in der Kirche verräterisch oft strapaziert. Die Tür ist zu, hören alle, die nach der Frauenordination fragen. Türsteherposten sind Machtposten. Deshalb ist die Weihe nicht irgendein Detail, über das sich leicht hinweggehen lässt.

Um Gottes willen! Das Priesteramt ist Dienst! So höre ich die Whataboutisten seufzen. In vielen Texten von Frauen über die Weihe steht zu lesen, es gehe um Spiritualität, nicht um Macht. Treuherzig wird gefragt: Wollen wir nicht alle – Kleriker wie Laien – das Miteinander der Getauften und Gefirmten? Das Priestertum aller?

»Lasst uns miteinander, lasst uns miteinander singen, loben, preisen den Herrn«, haben wir an unserer Klosterschule in fast jedem Gottesdienst im Kanon gesungen. Komischerweise gab trotz der selbstbewussten Nonnen immer der Priester den Einsatz. Und er gab das Zeichen zum Schweigen. Vom Miteinander spricht, wer Machtverhältnisse verschleiern will. »Das Weib schweige in der Gemeinde«. Dieser alte Satz gilt im Prinzip noch immer, jedenfalls dann, wenn es etwas zu entscheiden gibt. Warum eigentlich? So lautet die Machtfrage. Frauen wie Männer sollten sie stellen und sich ihr ehrlich stellen. Das wäre der Anfang vom Aufstand.

Weiberalarm

Im Januar 2015 gibt Kardinal Raymond Burke einem amerikanischen Web-Portal ein Interview zur Lage seiner Kirche. Oder treffender: Er stellt eine Diagnose. Sein Befund klingt nach einer lebensbedrohlichen Erkrankung an Haupt und Gliedern von Mutter Kirche. Eine Männer-Krise attestiert er der Institution und, noch besorgniserregender, eine hartnäckige »Verweiblichung«. Eine Art postfeministische Belastungsstörung hat die katholische Kirche seiner Meinung nach heimgesucht. »Der radikale Feminismus hat die Kirche stark beeinflusst«, seufzt der ranghohe Kirchenmann. »Die Kirche ist verweiblicht. Frauen sind selbstverständlich wunderbar, sie gehen sehr natürlich auf die Einladung ein, in der Kirche aktiv zu sein. Abgesehen vom Priesteramt, ist der Altarraum voll von Frauen. Die Aktivitäten in der Pfarrgemeinde und sogar in der Liturgie wurden von Frauen beeinflusst und sind vielerorts so feminin geworden, dass Männer nicht mehr daran beteiligt sein wollen.«

Wenn Frauen sich an der Basis breit machen, dann bleibt Männern nur die Spitze. Hierarchie wird Therapie. Wenigstens oben, dort, wo die Weihe zählt, bleiben die Weiber draußen. Wenigstens dort muss man als Kardinal oder Prälat keine Angst haben vor den hyperaktiven Damen.

Damit ist der Ton gesetzt. Eine Debatte über Frauen, die etwas wollen könnten, eröffnet immer eine Debatte über Männer, die etwas haben. Seit der Neufassung des Codex Iuris Canonici von 1983 dürfen Mädchen Messdienerinnen sein und Theologinnen als

Pastoralreferentinnen arbeiten. Weibliche Laien dürfen die Lesung vortragen und die Kommunion austeilen. So kamen Frauen an den Altar. Das Kirchenrecht unterscheidet zwischen Klerikern und Nicht-Klerikern, behandelt aber männliche und weibliche Laien fast gleich – anders als im ersten CIC von 1917. Das war ein Revolutiönchen. Theologisch gesprochen: ein Geschenk, über das sich gerade die weiblichen Beschenkten freuen sollten. Es ging ihnen schon schlechter. Meine Damen, wo bleibt der Dank, wo bleibt die Demut?, fragt Burke sinngemäß. Und vor allem: Wo bleibt nun der Mann?

Fast 2000 Jahre haben sich Kirchenmänner den Kopf darüber zerbrochen, warum es überhaupt Frauen gibt. Das war die erste Frauenfrage. Augustinus quälte sich mit den ebenso verführerischen wie nutzlosen Wesen. Thomas von Aquin räsonierte ernsthaft über das blamable Aristoteles-Diktum, wonach die Frau nichts als ein »missratener Mann« sei. Darin steckt viel Zeitgeist, viel Unverschämtheit und eine Spur Resignation. Die Kirchenlehrer akzeptierten irgendwann: Wir bekommen diese defizitären Wesen nicht weg, obwohl sie uns den Verstand rauben, unter Schmerzen Kinder bekommen und phasenweise unrein sind. Wir müssen wohl mit ihnen auskommen.

Der offenen Abwertung folgte die subtile Diskriminierung: Fromme Männer legten fest, wie Frauen zu sein haben. Was ist die Frau und was folgt daraus? Gemeinhin wird das als *die* Frauenfrage bezeichnet, seit sich das Warum-sind-die-überhaupt-da erledigt hat. Ein großer Teil der klerikalen Einlassungen besteht aus der Antwort: Die Frau ist das, wofür wir sie halten; sie darf werden, was wir brauchen: Mutter, Ehefrau, Ordensfrau. Das muss reichen. Sind Frauen nicht »so«, wie es die männliche Definitionshoheit vorsieht, fällt erhöhter Vorschreib-Bedarf an. Frauenfrage auf katholisch heißt: Männer antworten, bevor Frauen etwas wissen wollten. Geweihte Männer legen fest, wann eine Frau vermännlicht und wann die Kirche verweiblicht ist.

Sehen die Objekte ihrer Formbestrebungen das anders, dann stimmt etwas mit ihnen nicht. Sie könnten – beliebt in diesem Zusammenhang: horribile dictu – Feministinnen sein. Diese Spezies will den Kampf und strebt – das Allerschlimmste – nach Macht. »Jede Perspektive, die sich als Kampf der Geschlechter ausgeben möchte, ist nur Illusion und Gefahr«, warnte Joseph Kardinal Ratzinger 2004 in einem Schreiben zur Zusammenarbeit von Männern und Frauen in der Kirche. Damals führte er die Glaubenskongregation an, seine Adressaten waren die Bischöfe. Eine aktuelle Tendenz umriss er so: »So macht sich die Frau, um wirklich Frau zu sein, zum Gegner des Mannes. Auf die Missbräuche der Macht antwortet sie mit einer Strategie des Strebens nach Macht.«

Etwas schlichter, auf Sandkastenniveau formuliert, heißt das: Verwirrte Frauen haben den Streit um die Förmchen angefangen, kaum dürfen sie mitspielen, wollen sie den Männern alles wegnehmen. Jedes lehramtliche Lob fürs weibliche Geschlecht ist vergiftet. Kleriker seufzen gern: »Frauen sind etwas Wunderbares«. Die Kehrseite des Kitschs ist die Härte, das Nein im Gestus der Notwehr. Raymond Burke behauptet: Die Mädchen haben angefangen. Sie wollen nicht nur spielen, sie wollen den ganzen Spielplatz für sich. Deshalb müssen wir uns verteidigen!

Mit seinem sorgenvollen Blick auf traumatisierte Geschlechtsgenossen ist der hohe Herr nicht allein. Auch säkulare Experten sehen den Mann in der Krise. Soziologen haben schon vor Jahrzehnten die vaterlose Gesellschaft beklagt; Magazintitel zeigen das Männersymbol reflexartig mit abgeknicktem Phallus-Pfeil; Pädagogen erklären Jungs zu den Verlierern des Bildungssystems.

Für den Mann von Welt mag der Krisenbefund stimmen. Und für den Mann von Kirche? Den nehmen Fachleute meist aus. In einer Institution mit Heiligem Vater und ausschließlich männlichem Führungspersonal sehen die Träger des XY-Chromosomenpaars eher wie die letzten Systemgewinnler aus.

»Die heilige Weihe empfängt gültig nur ein getaufter Mann«, heißt es in Canon 1024 des Kirchenrechts. Der Katechismus zitiert diesen Passus unter Ziffer 1577. Ein Satz, kurz, unmissverständlich, in Stein gemeißelt, entschiedene lehramtliche Schläge kerben jeden Buchstaben tiefer ein. Die Welt um Stein und Meißel herum hat sich verändert, dieser Satz bleibt. Die Kirche bietet ein Refugium, in dem Männer unter sich sein können. Sie verspricht ein Arkanum, in das weder Pastoralreferentinnen noch Theologieprofessorinnen vordringen.

Kirchliche Insider hingegen erklären Männer zu Opfern. »Verweiblichung« ist keineswegs nur ein katholisches Bedrohungsszenario. Der evangelische Theologe Friedrich Wilhelm Graf attestierte einige Jahre vor Burke seiner Kirche einen ähnlich bedenklichen Gesundheitszustand. Auf einer Konferenz der FAZ und der, nun ja, Herrhausen-Gesellschaft beklagte er, dass in seinen Uni-Seminaren neuerdings ein bestimmter weiblicher Typus optisch wie geistig dominiere: »junge Frauen, meistens eher mit einem kleinbürgerlichen Sozialisationshintergrund, eher Muttitypen als wirklich Intellektuelle, und eine Form von Religiosität, in der man einen Kuschelgott mit schlechtem Geschmack verbinden kann«. Je höher der Frauenanteil, desto niedriger die intellektuelle Betriebstemperatur. Viel Gefühl und viel Segen hätten die geschliffene Bibelauslegung ersetzt, klagte Graf.

Die Verweiblichung nennen manche Journalistenkollegen Käßmannisierung. Der Mensch könne nie tiefer fallen als in Gottes Hand, pflegt die frühere EKD-Ratsvorsitzende in Krisen zu sagen. Dieser Satz löst Verfallsängste aus, es gibt eine Ökumene des Bischöfinnen-Bashings.

Grafs Kritik an seiner Kirche ist differenzierter, als es diese wenigen Zitate wiedergeben. In konservativen katholischen Kreisen sorgt jedoch just dieser Auszug seiner Analyse für Begeisterung. Tenor: Wenn schon die Protestanten selbst diese Bilanz ziehen, liebe katholische Feministinnen, dann brauchen wir das mit den Frauen gar nicht erst auszuprobieren.

Der Theologe Helmut Müller griff im Mai 2016 auf dem Portal »kath.net« Grafs Beobachtungen auf, nachdem er eine Verkündigungssendung im SWR zu Pfingsten gehört hatte. Die katholische Seelsorgerin am Mikrofon hatte den Zuhörern erklärt, man begegne dem Heiligen Geist zum Beispiel, indem man ein Migrantenkind ins Schwimmbad begleite. Helmut Müller fühlte sich davon theologisch unterfordert: »Das ist schön und gut. Ich war gespannt darauf, wie aus dieser kleinsten Münze Heiligen Geistes der Hinweis auf seine Urgewalt zu Pfingsten erfolgen würde. Aber das war's. Nichts weiter. Die Sprecherin hatte ihr Fazit schon gezogen. Die Niedrigschwelligkeit dieses Formates hat einmal mehr Bände gesprochen.« Der Fachmann seufzte: »Jetzt kann ich den Münchener emeritierten evangelischen Theologen Friedrich Wilhelm Graf besser verstehen, wenn er poltert und schimpft über »junge Frauen, meistens eher mit einem kleinbürgerlichen Sozialisationshintergrund, ...«

Herren dieses Zuschnitts sind sich einig: Frauen am Altar ziehen keine Leute an, sie ziehen nur das Niveau in die Tiefe. Die katholische Kirche wird zwar in kath.net-Kreisen gern als Mutter bezeichnet, die Sehnsucht gilt aber einer Kirche, die ein echter Kerl ist. Die sich nicht von Weibern weichklopfen lässt. Die Gott nicht zum Plüschtierchen macht, das am Rucksack-Reißverschluss von Yoga-Schülerinnen baumelt.

Kirche, die, femininum, sagt der Duden. Gott ist meist artikellos, männlich und weiblich sei er, sagen Theologen. Bei gleicher Qualifikation werden männliche Bewerber noch immer bevorzugt. Der liebe Gott, der grausame Gott, der Allmächtige – alles Mannen. Der Vorschlag der früheren Familienministerin Kristina Schröder, das Genus Gottes zu neutralisieren, erregte Hohn und Spott. Großes Gott, wir loben dich – eine Lachnummer kurz vor Weihnachten 2012. »Die Äußerungen von Frau Schröder zeugen von einem erschreckenden religiösen Analphabetismus, sie kennt die Grundrechenarten des Glaubens nicht«, tadelte der Direktor des bayerischen Wallfahrtsorts Maria Vesperbild, Prälat Wilhelm Imkamp. Er hätte auch volkstümlicher sagen können: So ein Dummchen.

Doch zurück zum Gottesmann Burke: Dessen Diagnose reicht weiter als die üblichen Qualitäts- und Publikumsmanagementfragen nach dem Muster: »Bei den Evangelischen hält die Frauenordination doch auch keinen vom Kirchenaustritt ab!« Gibt man bei Googles Bildersuche den Namen Burke ein, dann tauchen in der Trefferliste viele Fotos eines Mannes in Gewändern mit feiner Spitze auf. Auf manchen sieht er aus wie eine Braut, die zum Altar geführt wird. Der Kardinal feiert gern die Alte Messe und legt Wert auf liturgischen Chic. Er trägt Gewänder von der Sorte, die Dreijährige fragen lässt. »Mama, warum hat der Mann Frauenkleider an?« Eine solche Anmerkung ist kindisch, wenn sie von Erwachsenen kommt. Liturgiewissenschaftler können die Heilsnotwendigkeit jeder Klöppelfinesse mindestens bis zum Konzil von Trient zurückverfolgen. Dennoch bleibt eine unfreiwillig komische Komponente, wenn ausgerechnet ein Kardinal in diesem Outfit die »Verweiblichung« beklagt.

Wer von außen auf den Klerus schaut, kommt kaum auf die Idee, den erfolgreichen feministischen Marsch durch die Institutionen ausgerechnet an der katholischen Kirche festzumachen. Ob römische Großereignisse oder Bischofsvollversammlungen – es marschieren Männer, die das Weibliche optisch gleich mit erledigen.

Die Autorin und »Spiegel«-Kolumnistin Margarete Stokowski ist eine der wenigen jüngeren Feministinnen, die überhaupt die katholische Kirche wahrnehmen. Sie beschreibt in ihrem autobiografischen Roman »Untenrum frei« anschaulich, was in ihrer Kindheit jeder gesehen hat: »Ich fühle mich im Glauben wohl, aber nicht im kirchlichen Drumherum. Ich glaube damals sehr überzeugt an Gott und bete viel, hauptsächlich, indem ich Fragen stelle. Dabei stelle ich mir Gott als Mann vor – was könnte ein eindeutigeres Zeichen für die Schieflage sein, die ich bis in mein Innersten übernommen habe? Aber wie soll es anders sein? Alle, die in der Kirche etwas zu sagen haben, sind Männer. Jesus war ein Mann, seine Jünger waren Männer, alle Bischöfe, Pfarrer und Kapläne: Männer. Die einzigen wichtigen Frauen sind Maria, deren Hauptverdienst es war, auf magische Art schwanger zu werden, Ordensschwestern, die wie Pinguine aussehen und komische Namen haben, und ein paar Heilige. Immerhin, unter den Heiligen gibt es Männer und Frauen gleichermaßen.«

Fernsehmoderatorin Katrin Bauerfeind spottet in dem feministischen Blog »Edition F«: »Das Christentum hält von der Gleichberechtigung der Frauen ungefähr so viel wie die Hells Angels«. In der katholischen Kirche seien »alte Kerle« unter sich, die evangelische sei etwas lockerer, wirke jedoch so »als würde man beim Stierkampf jetzt auch Kühe zulassen.«

Solche leichtfüßig dahin geschriebenen Beobachtungen erscheinen Experten beider Konfessionen nicht satisfaktionsfähig. Die katholisch korrekte Replik lautet: Die jungen, vorlauten Damen ahnen nichts vom Priester als Imitatio Christi, sie haben nicht mitbekommen, dass Maria von Magdala zur Apostelin befördert wurde, sie wissen nichts von Kirchenlehrerinnen wie Theresa von Ávila, und eine Hildegard von Bingen kennen sie nur vom Kräuterteeregal im Bioladen. Der fachmännische Hochmut gegenüber Beobachterinnen ohne ekklesiologischen Hintergrund ändert nichts daran, dass die scheinbar unbedarften, jedenfalls des Kirchenkampfs unverdächtigen Autorinnen Recht haben: Die katholische Kirche sieht aus wie ein Männerclub, spricht wie ein Männerclub, ist ein Männerclub.

Verweiblichung zu diagnostizieren, nur weil es neben den beförderten, längst verstorbenen Kirchenfrauen seit nicht allzu langer Zeit Messdienerinnen und Pastoralreferentinnen gibt – so etwas nennen Seelenexperten eine Übersprunghandlung.

Raymond Burke klingt frauenfreundlicher als Donald Trump, wenn er die Segnungen des Weiblichen preist; ebenso wie der amerikanische Wahlkampfsieger setzt der Kardinal die feministische Machtübernahme als Tatsache voraus, ganz so, als seien 99 Prozent der Posten in Politik, Wissenschaft, Wirtschaft und eben auch Kirche von Frauen okkupiert. Ganz so, als sei Margot Käßmann Päpstin und Präfektin der Glaubenskongregation in Personalunion. Ganz so, als müsse endlich Schluss sein mit den Forderungen nach Gleichberechtigung. Frauen haben anscheinend schon genug abgestaubt in den vergangenen 50 Jahren, jetzt sind wieder die Männer dran.

Dabei hat die katholische Kirche noch gar nicht ausprobiert, wie es wäre, wenn … »Ich fände es spannend, wenn am Konklave nur Frauen teilnähmen und eine Päpstin wählten«, sagte einmal eine Ordensfrau im Redaktionsgespräch. Danach korrigierte sie sich.

»Spannend« sei das falsche Wort. Es beweise Gottvertrauen, so etwas auszuprobieren. Also eher entspannend.

Gottvertrauen ist gut, Kontrolle ist besser in einer Großinstitution. Das Stadium »Alles unter Kontrolle« ist erreicht, wenn ein Zustand als überwunden gelten kann, bevor er die Chance hatte, überhaupt einzutreten.

Papst Franziskus hat kurz vor dem zitierten Burke-Interview den einst mächtigen Kardinal auf einen repräsentativen Posten entsorgt, das amerikanische Internet-Portal zählt zu den Leidmedien, in denen sich der reaktionäre Flügel ausweint. Die Verweiblichung beklagt also ein Entmachteter. Man muss dem Kardinal nicht physisch gegenübersitzen, um zu bemerken, dass er das Wort »Feminismus« wie eine tödliche Krankheit ausspricht. Was früher der Bolschewismus war, ein Synonym für Umsturzgelüste, Gottlosigkeit und Verderbnis, sind nun Feminismus und »Genderismus«. Der frisch ins Amt eingeführte Erzbischof von Krakau behauptet sogar, Gender sei schlimmer als der Kommunismus. Das hat wenig mit Glauben zu tun und viel mit Angst.

Die Frau kennt aus traditionell kirchenmännlicher Sicht kein Maß. Sie ist entweder zu naheliegend oder zu fern, entweder billig oder von unschätzbarem Wert, entweder Hure oder Heilige, entweder geistig unterbelichtet oder geistlich überbeleuchtet. Seit Jahrhunderten versuchen Männer, ihr das Maßhalten beizubringen, doch sie bleibt eine Fremde, ein »anderes Wesen«, wie die Religionswissenschaftlerin Theresia Heimerl ihr wunderbar süffisantes Buch genannt hat.

Verweiblichung ist ein anderes Wort für Überfremdungsangst. Wer die Feminisierung fürchtet und dabei die Türen zu den oberen Etagen furchtsam versperrt hält, handelt in etwa so wie der hammerbedürftige Mann in Paul Watzlawicks Bestseller »Anleitung

zum Unglücklichsein«. Dieser Zeitgenosse möchte ein Bild auf-
hängen. Er hat einen Nagel, nur der Hammer fehlt zum Glück. Er
traut sich nicht, nebenan zu klingeln und den Nachbarn um Hilfe
zu bitten. Er stellt sich vor, wie er eine Abfuhr bekommt. Das ein-
gebildete Nein des Nachbarn wird zur Obsession. Schließlich über-
windet sich der Mann ohne Hammer, klingelt doch und ruft dem
verdutzten Gegenüber zu: Behalten Sie Ihren Hammer!

»Die Tür zur Frauenweihe bleibt zu« wird in der katholischen
Kirche von oben durchs ganze Treppenhaus geblafft, bevor auch
nur ein ernsthaftes Gespräch über die Frauenordination zustande
gekommen ist, bevor ein Blick ins Leben der Nachbarin riskiert
wurde. Die Kirche weiß lehramtlich immer, wo der Hammer hängt.
Sie muss nicht aufmerksam hinsehen, sie muss nicht die Wirklichkeit wahrnehmen, sie muss nicht die anderen Wesen um etwas bitten. Die sollen sich bloß nicht einbilden, die Una Sancta sei auf
Leute wie sie angewiesen!

Macht sich die Kirche so unglücklich damit, wie der Psycho-
experte Watzlawick es dem Hammer-Besserwisser in seiner Geschichte nachsagt? Man weiß es nicht. Die Frage: Ist die Kirche
glücklich?, begegnet mir bei der Recherche für dieses Buch kein
einziges Mal. Johannes Paul II. versprach 1994 in einer seiner vielen Anleitungen zum Katholischsein, die Kirche von der Debatte
endgültig zu erlösen. Trotzdem sehen die männlichen Marschierer
nicht glücksstrahlend aus.

Es wäre zu einfach, Burkes Diagnose als verbale Frustrations-
schlacke eines Ex-Einflussreichen zu entsorgen. Die Angst vor
dem zersetzenden Einfluss der Frauen sitzt tief, nicht nur im erzkonservativen Randgebiet. Sie reicht weit in die Mitte der Kirche. Die Deutsche Bischofskonferenz bemüht sich zum Beispiel,
mit einer Unterkommission der Pastoralkommission den Einfluss

von Frauen zu mehren. Dort brüllt man der Sitznachbarin nicht direkt ein Nein ins Gesicht. Dort spricht man sanft von verschiedenen Charismen, die auf unterschiedliche Weise in die Kirche eingebracht werden können. Die Kommission bittet tatsächlich um weibliche Mithilfe. Sobald eine Teilnehmerin den Satz »Es spricht nichts dagegen, dass Frauen zu Priesterinnen geweiht werden« auf ein Flipchart in einem Seminarraum schreibt, kommt der rote Killerklebepunkt aus dem Moderationskoffer zum Einsatz: »nicht hilfreich«. Behalt deine Hammerthesen für dich, so etwas brauchen wir nicht, bedeutet das.

Ich hatte einmal das Vergnügen, in einer Arbeitsgruppe für mehr Weiblichkeit mitzuwirken. Das Wort Weihe wurde sofort von der Tagesordnung ausgeschlossen, das blockiere nur eine konstruktive Diskussion, hieß es. Wir bekamen ein Buch, dessen Vorwort die realistische Perspektive anmahnte. Die OO-Perspektive. Ohne Ordination.

Der zuständige Bischof hörte sich geduldig an, was die geladenen Frauen zu sagen hatten. Es wurde erörtert, ob – wie in der skandinavischen Kirche – das Amt des Sekretärs der Bischofskonferenz von einer Frau übernommen werden könnte. Sekretärin der Nordischen Bischofskonferenzen ist die Ordensfrau Anna Mirijam Kaschner. 250 000 Gläubige umfasst ihr Wirkungsbereich. Die katholische Community in Deutschland zählt rund hundert Mal so viele Mitglieder. Ob man einer Frau das zutraut? Ein sichtbares Ergebnis zeitigt dieser Vorschlag nicht.

Ausdauernd wurde darüber nachgedacht, eine Art Foto-Frauenquote einzuführen. Die sähe so aus: Immer wenn sich Bischöfe zur Vollversammlung treffen, sollten auch weibliche Wesen mit aufs Abschlussbild. Ganz gleich ob Referentinnen, Pressefrauen oder Servicekräfte – Hauptsache Seit an Seit mit Erzbischöfen. Rent-a-

Woman für gut 65 geweihte Männer. Die Idee schaffte es schließlich doch nicht auf die To-do-Liste, weil sie zu stark an einen Escort-Service gemahnte. Allein die Tatsache, dass solche gut gemeinten Gedanken aufkommen, zeigt: Wirklich weiblich – was immer das auch sein mag – soll die Kirche dort, wo Entscheidungen fallen, nicht werden. Sie soll nur danach aussehen. Für die Medien und fürs Protokoll einer Unterkommission.

Im Herbst 2015 tagte in Rom eine Familiensynode. Dazu trafen sich rund 270 Synodenväter, also Bischöfe, Erzbischöfe und Kardinäle. Abstimmungsberechtigte Synodenmütter gab es nicht. Lehramtliche Dokumente behaupten zwar, Kinder und Kümmern seien Weiberkram. Aber unter den 89 Beratern der Synode waren nur 32 Frauen.

Eine von ihnen, die italienische Journalistin Lucetta Scaraffia, verantwortet die Frauenbeilage des Vatikan-Organs »L'Osservatore Romano«. In der französischen Tageszeitung »Le Monde« fasste sie ihre Eindrücke zusammen: »Was mich bei diesen Kardinälen, Bischöfen und Priestern am meisten erstaunt hat, das war ihre vollkommene Unkenntnis des Weiblichen, ihr unsensibler Umgang mit Frauen, die sie offenbar für minderwertig halten.« Wie ein »Maskottchen« habe sie sich gefühlt.

Radio Vatikan raffte den Zeitungsartikel zu einer Nachricht. Die begann aufschlussreich: Nach Scaraffias Kritik werde mancher Bischof bereuen, der Journalistin nicht die Tür aufgehalten zu haben, stand da. Wenn Synodenväter Frauen nicht ernst nehmen, dann ist das ein Fall für Knigge, ein Kavaliersdelikt. Nehmen Frauen Kardinäle nicht erst, dann kann das schon mal zur Exkommunikation führen (siehe »Fröhliche Weihmacht überall«). Lucetta Scaraffia ging es gerade nicht – wie der Einstiegssatz der Radio-Vatikan-Meldung nahelegt – um Höflichkeit. Sie vermisste Gerechtigkeit. »Die Tür ist zu« – ein solcher Zustand lässt sich nicht mit ein bisschen Türaufhalten in der Synodenaula vergessen machen.

Ich war im Oktober 2015 auf der Familiensynode, aus meinen Beobachtungen machte ich eine Reportage für Christ&Welt in der ZEIT. Die Ignoranz, die Scaraffia beschreibt, fiel mir gar nicht mehr auf, so vertraut ist sie. Die ganz normale Unsichtbarkeit der Frauen sei der eigentliche Skandal, kritisiert die Vatikan-Expertin. Erzähle ich bei Vorträgen davon, nicken einige Katholikinnen im Publikum. Katholiken blättern dann meist im Programmheft. Viele winken ab: Bitte nicht dieses Riesenfass aufmachen, das bringt sowieso nichts. Es gilt als unvorstellbar, dass eines Tages in der römischen Synodenaula wenigstens die Hälfte der Plätze an weibliche Wesen vergeben werden könnte. Synodenmütter mit Sitz und Stimme gelten als Flausen im Kopf von Spinnerinnen und Spinnern.

Den Weiberaufstand, von dem im Titel die Rede ist, gibt es nicht. Burke und seine Brüder brauchen keine Angst zu haben: Die Weiber sind so still geworden, wie der Apostel Paulus sie haben wollte. Nicht einmal beim Kinder-Küche-Kirche-Thema Familie reklamieren sie lautstark ein Mitspracherecht. Sie sind froh, wenn sie einen kritischen Artikel schreiben dürfen und ihre Stelle beim »L'Osservatore« trotzdem behalten. Für einen Posten an der Spitze mit Spitze kämpfen sie nicht.

Einen Tag, bevor die Familiensynode begann, outete sich der polnische Priester Krzysztof Charamsa, ein Mitarbeiter der vatikanischen Theologie-Kommission. Er präsentierte der Presse seinen Lebensgefährten. Von seinen Ämtern im Vatikan wurde er erwartungsgemäß suspendiert, weil er gegen den Zölibat verstoßen hatte. Immerhin hat Charamsa versucht, für die Rechte von Homosexuellen zu streiten. Er wählte dafür einen Zeitpunkt, an dem ihm maximale Aufmerksamkeit sicher war.

Ähnlich medienwirksame Aktionen für die Gleichberechtigung von Frauen liegen lange zurück. Man dürfe die Männer nicht erschrecken, man müsse sie in ihren Ängsten ernst nehmen, sagen engagierte Katholikinnen.

Hier könnte das Buch enden. Der Aufstand fällt aus, von Weibersolidarität keine Spur. Die Hierarchen verhindern das Aufbegehren, indem sie unlösbare Aufgaben stellen: Wer für die Frauenweihe eintritt, muss erstens Beweismaterial aus der Vergangenheit beibringen, um die Rechtmäßigkeit der Forderung zu begründen. Wer für die Frauenweihe eintritt, muss zweitens belegen, dass dadurch in Zukunft die Kirchenschiffe voller werden. Wer für die Frauenweihe eintritt, muss drittens versichern, dass dadurch in der Gegenwart niemand verunsichert, verwirrt und verprellt wird.

Wo ist die Jeanne d'Arc der katholischen Frauenfreiheitsbewegung? Wer hat Streitlust genug, einem Burke zu zeigen, was Verweiblichung wirklich heißt? Wenn nicht jetzt, wann dann ergeben sich noch einmal solche Freiräume wie mit einem Papst ohne Spitze an der Spitze? Franziskus lehnt zwar die Weihe von Frauen ab, doch manchmal ist es in der katholischen Kirche schon ein Fortschritt, wenn der Rückschritt ausbleibt.

Erdbeeren auf der Torte –
Franz und die Frauen

Frauen brauchen entweder ein starkes Herz oder ein schwaches Gehör, wenn sie Franziskus lauschen. Beides hilft beim Verzeihen. Theologinnen seien wie Erdbeeren auf der Torte, sinnierte der Papst einmal. Das war nett gemeint, geradezu männerkritisch. Eigentlich wollte er sinngemäß sagen: Es darf nicht sein, dass sich in der Kirche die Kleriker die Buttercreme unter der Obstdeko sichern. Für die Frauen muss auch etwas abfallen. Doch diese zartlila Botschaft ging im Erdbeerrot unter. Der ansonsten trittsichere Franziskus bewegt sich in der Frauenfrage oft so tapsig wie Franz, der Dorftölpel.

Als die Rede auf Büroleiterinnen im Vatikan kam, gab er zu bedenken, dass viele Priester bereits unter der Fuchtel ihrer Haushälterin stünden. Das verströmt den Charme eines Witzes, wie ihn Kölner Karnevalisten in den Sitzungen der Fünfziger Jahre erzählten. Und dann war da die Sache mit der Jungfer. In seiner Rede vor dem Europäischen Parlament Ende November 2014 verglich das katholische Oberhaupt die kraftlose EU mit einer vertrockneten Jungfrau. Gemeinhin genießt die keusche Jungfer in höchsten katholischen Kreisen höchstes Ansehen, unabhängig von ihrem Flüssigkeitshaushalt. Franziskus hingegen bricht mit der Gewohnheit seiner Vorgänger. Junge Jungfrauen sind offenbar gut, betagte verdächtig. Ein klassisches Altherrenmuster, das schon Simone de Beauvoir beobachtete.

Mehr als ein Jahr nach seinem Auftritt vor dem Parlament erzählte Franziskus der italienischen Presse, Angela Merkel habe ihn verärgert angerufen. Wegen der Jungfrau, nicht wegen Europa. Päpstlicher-als-der-Papst-Portale schrieben sich schon warm: Die Pfarrerstochter, die Protestantin, die Kanzlerin formerly known as Mutti dürfe nicht den Heiligen Vater kritisieren, diese Sünde habe sie schon bei Benedikt XVI. begangen. Beim deutschen Papst ging es Angela Merkel seinerzeit um die Piusbrüder, beim aktuelleren Fall dürfte Schwesterlichkeit im Spiel gewesen sein. Es bleibt beim Konjunktiv: Der Sprecher der Bundesregierung konnte sich nicht an einen solchen Anruf seiner Chefin erinnern. Die Frage, ob eine mächtige Frau von Welt einen mächtigen Kirchenmann kritisieren darf, verschwand von der Tagesordnung ordnungsbewusster Katholiken. Das Angstbild vertrockneter Weiblichkeit blieb. Bei der Verleihung des Karlspreises im Frühjahr 2016 kritisierte Franziskus die Regierungschefs. Wieder benutzte er, vielleicht mit einem Anflug von Selbstironie, ein wenig frauenfreundliches Bild. Europa verglich er mit einer – wie immer das biologisch gehen mag – unfruchtbaren Großmutter.

Seine Traumfrau ist die Mutter Europa. »Mit dem Verstand und mit dem Herz, mit Hoffnung und ohne leere Nostalgie, als Sohn, der in der Mutter Europa seine Lebens- und Glaubenswurzeln hat, träume ich von einem neuen europäischen Humanismus«, formulierte er Martin-Luther-King-gleich. Es war eine große Rede über Menschenwürde und Gerechtigkeit, insofern wirkt es kleinkariert, sie auf ihre feministische Korrektheit zu untersuchen. Genau deswegen, weil er sich immer wieder zu solchen Reden und Gesten aufschwingt, weckt Franziskus die Hoffnung, dass sein Frauenbild über die katholische Provinzialität hinausreicht. Er hat hohe Ideale und wirkt zugleich geerdet, er hat nicht nur eine Kirchenkarriere hinter sich, sondern ein Leben in der Weltstadt Buenos Aires. Einer wie er könnte auf den Gedanken kommen, dass die 100-prozentige Männerquote in allen Entscheidungsämtern so karnevalesk und künstlich anmutet wie der rote Samtumhang und die roten Slipper seiner Vorgänger.

Tatsächlich macht der Papst Anstalten, diese Kunstwelt aufzubrechen. »Wir sind zu oft Macho und lassen Frauen keinen Raum«, sagte Franziskus beim Besuch auf den Philippinen. Weil vatikanische Behörden gelegentlich auf den Papst hören, gründete der Päpstliche Kulturrat im Juni 2015 eine Frauengruppe. Zuerst hatte sie 22 Mitglieder, später kamen 15 dazu. Zu den Berufenen zählen unter anderem eine Google-Managerin und eine Mode-Unternehmerin. Sie sollen nach Angaben des Kulturkardinals Gianfranco Ravasis »alles lesen und bewerten, was wir hier machen – aus weiblicher Sicht, auch kritisch«. Viel dringt aus diesem Gremium nicht nach draußen; für die meisten Schlagzeilen sorgte das Arbeitspapier des Päpstlichen Kulturrates, das zur Gründung führte. Darin hieß es nämlich: »Die ästhetische Chirurgie ist wie eine Burka aus Fleisch«. Man sorgt sich ernsthaft um das weibliche Wohl. Noch ist Facelifting Katholikinnen erlaubt, das Lifting von der Pastoralreferentin zur Pastorin bleibt verboten.

Franziskus hat darüber hinaus eine Theologie der Frau annonciert, wobei der Genitiv unklar bleibt. Meint er eine Theologie von Frauen oder über Frauen? Bevor das geklärt werden konnte, gründete er zusätzlich zur Weiblichkeitsberatungsgruppe des Kulturrates eine Kommission, die über die Zulassung von Diakoninnen nachdenken soll. Diese könnten dürfen, was Diakoninnen schon einmal durften. Es kann nicht sein, was nicht schon war.

Welche Aufgaben Diakoninnen hatten und vor allem, welche nicht, hat 2003 eine andere Arbeitsgruppe geklärt, die Internationale Theologische Kommission. Sie kommt zu dem Schluss: Es gab

Diakonissen in der Kirchengeschichte, allerdings nicht durchgängig und schon gar nicht als Vorstufe zum Priesteramt. Diakonissen kümmerten sich demnach um, modern gesprochen, gendersensible Seelsorge, sie durften »die Salbung des Körpers der Frauen anlässlich der Taufe vornehmen, die neu getauften Frauen belehren, die gläubigen Frauen und vor allem die Kranken zu Hause besuchen«. Von Diakoninnen spricht das umfängliche Papier nicht. Eine Notifikation von gleich drei Kongregationen – Glauben, Gottesdienst, Klerus – hatte zwei Jahre zuvor alle Initiativen verboten, die darauf abzielten, Frauen auf die Tätigkeit als Diakonin vorzubereiten.

Nun kommt die Initiative von oben. Im kurzen Frühling der Anarchie, nach Benedikts Rücktrittsankündigung im Februar 2013 und vor Franziskus' Wahl, versuchte der deutsche Kurienkardinal Walter Kasper eine Theologie für und über Frauen. Das Manuskript zu einem Vortrag über das »Zusammenwirken von Frauen und Männern im Dienst und Leben der Kirche« liest sich so, als habe der Autor erst nach dem angekündigten Abschied von Übervater Benedikt eine lila Färbung in den Kardinalspurpur gemischt: Buchstäblich auf den letzten Zentimetern des Papiers schuf Kasper die Gemeindediakonin. Ein Wesen ohne Weihe, wohingegen der Diakon ein Weiheamt ist. Erdbeeraroma auf einer Torten-Attrappe.

Nicht mal die Streiterinnen für den »Tag der Diakonin« wollten davon kosten. Der Vorschlag mag gut gemeint gewesen sein, offenbart aber das Kernproblem gönnerhafter Kardinäle: Sie setzen sich nicht dafür ein, dass Frauen mehr oder sogar alle Ämter offen stehen. Sie denken sich lieber etwas Sedierendes aus. Als Gemeindediakonin hat SIE etwas Eigenes, eine Art katholisches Jodeldiplom und dann gibt sie Ruhe.

Franziskus' Traumfrauen brauchen weder Titel noch Theologiestudium. Das Gegenstück zu vertrockneten Jungfern sind für ihn gut durchblutete Nicht-Jungfern, vulgo Mütter. Während seine Vorgänger über die reine, etwas blässliche Madonna meditierten, umflort Franziskus' rotwangige Frauengestalten der Duft von Bratfett und Billigparfum. So erzählte er bei der Generalaudienz vom 10. September 2014 hingebungsvoll von jener dreifachen Mutter, an deren Tür ein Armer klingelte. Der Ehemann war bei der Arbeit. Die Kinder – vier, fünf und sieben Jahre alt – saßen gerade beim Essen. Es gab Steaks mit Pommes. Die Heldin am Herd schaffte es, dass jedes Kind sein Steak mit dem Hungernden teilte.

Mütter sind in der Gedankenwelt des 80-jährigen Argentiniers diejenigen, die intuitiv den Nächsten erkennen, die pragmatisch helfen, die sich für ihre Familie zerreißen und dadurch den Laden zusammenhalten. Es sind gestandene Weibsbilder, keine Gehorsamsmäuschen. Auch Franziskus' Oma Rosa ließ sich nichts gefallen, schon gar nicht von einem Kerl. Männer kommen bei Franziskus selten gut weg. Wenn er denn doch mal einen Vater loben will, geht es schief. Der Klaps-Paps, der seine Kinder »mit Würde« schlägt, brachte dem Papst öffentliche Prügel ein. Dass Väter für ihre Kinder Steaks braten und mit Armen teilen können, kommt in der Anekdotenwelt des Argentiniers nicht vor. Auch weibliche Wesen, die weder Mutter noch alte oder ewige Jungfrau sind, fehlen im pädagogischen Personaltableau. Frauen seien nicht fürs Tellerwaschen zuständig, sondern für die Harmonie in der Welt, verkündete er bei einem Treffen von Ordensoberen im November 2016. Eine Streitschriftenverfasserin hat erst recht keinen Platz im Schöpfungsplan.

In dem harmoniegesättigten Buch »Der Name Gottes ist Barmherzigkeit« lässt Franziskus seinen Charme besonders für Leserinnen spielen. Eine Mama-Kirche hätte er gern, ein weiches, warmes, pulsierendes Etwas. Gleich zweimal erzählt er von Müttern, die – wie er schamhaft formuliert – »auf die Straße gingen«, sich also prostituieren. Sie verkaufen sich, um die Familie beisammenzuhalten. Eine der Frauen bedankte sich bei Franziskus, weil er sie respektvoll »Signora« nannte, als alle anderen sie verachteten. Männer sind Schufte, Frauen die besseren Menschen mit dem untrüglichen Glaubenssinn. Das liest sich so, als trete der Mann in Weiß die Nachfolge von Alice Schwarzer an.

Mut zur Disharmonie wäre, wenn Franziskus Recht hat, tatsächlich Männersache. Genaugenommen Papstsache. Riskiert er hier den Konflikt? Franziskus kann nicht nur wohlklingende Bücher schreiben, er kann auch anders. Wer Protest will, muss nicht mehr Bob Dylan einladen, er muss nur dem Papst eine Auszeichnung zuteilwerden lassen und ihm eine Dankesrede abverlangen. Dann wird er wie bei der Karlspreis-Verleihung den weltlichen Mächtigen ins Gewissen reden. Nur: Die Machtverhältnisse in seiner eigenen Kirche geht er nicht an. Er hat zwar seine Kurie öffentlich mit einer Rede über die 15 Kurienkrankheiten bloßgestellt, er hat Parallelstrukturen geschaffen und Beraterinnen berufen. Das ändert nichts daran, dass die frauenfreie Parallelwelt im Vatikan unverändert bleibt. Kongregationen werden nach wie vor von geweihten Männern geleitet. Frauen dürfen den Glauben in der Familie weitergeben, sie haben damit Macht über die Bewusstseinsindustrie, würde Adorno sagen. Was jedoch als katholische Glaubensmasse ins Bewusstsein darf, bestimmen weiterhin Männer.

Läse die Glaubenskongregation die vorangegangenen Zeilen, müsste sie anmerken: Der Untertitel diese Buches »Warum Frauen in der katholischen Kirche mehr Macht brauchen« führt in die Irre. Macht gibt es in der Kirche nicht. Es gibt nur Demut. Zu vergeben sind Ämter und Dienste. Was anderswo Karriere heißt, sind für Kleriker Stufen der Berufung. »Warum Frauen mehr Demut brauchen« müsste also der angemessene, diplomatisch geschickte Subtext lauten. In weltlichen Zusammenhängen ermahnen Maskulisten an dieser Stelle gern Frauen dazu, nicht nur Quoten in Dax-Aufsichtsräten zu beanspruchen, sondern auch in Kanalreinigungsunternehmen. Der Vorwurf ist klar: Frauenrechtlerinnen picken sich die Rosinen raus und scheuen die Drecksarbeit. In der Kirche funktioniert wenigstens dieser rhetorische Trick nicht. Da machen Frauen schon die Drecks … Pardon: Die Arbeit nah am Menschen.

Dass in der kirchlichen Hierarchie Demut das Maß aller Ämter ist, glaubt nicht einmal der Papst selbst. Wäre er von Bescheidenheit umgeben, müsste er nicht ständig Barmherzigkeit anmahnen. Er hat einschüchternde Titel und großkalibrige Dienstwagen abgeschafft. Der Klerikerstand solle sich nicht einbilden, etwas Besseres zu sein, sagt er bei vielen Gelegenheiten. Bei einer Rede im Dezember 2016 attestierte er Geweihten sogar eine »abschreckende« Wirkung. Die Beschimpfungen ändern jedoch nichts daran, dass bestimmte Entscheidungen – siehe Familiensynode – hochrangigen Klerikern vorbehalten bleiben. Sie können erlauben oder verwehren, sie bleiben die Herren über das Nein.

Die katholische Kirche wird eher belächelt als gefürchtet. Macht über die Gewissen attestiert ihr nur noch eine Minderheit der Deutschen. Doch für alle, die die Institution ernst nehmen, sind Zugangsfragen Machtfragen. Nein sagen zu können, wenn sich jemand zum Priesteramt berufen fühlt, aber das falsche Geschlecht hat; Nein sagen zu können, wenn jemand die Kommunion erbittet, aber den falschen Lebenswandel hat, das gehört zum institutionellen Selbstverständnis.

Auch Warnen ist Macht. Sollten Frauen zu Diakoninnen oder Priesterrinnen geweiht werden, dann werde das die Klerikalisierung verstärken. So parieren Kleriker gern feministische Forderungen. Der Zeitung »La Stampa« sagte Franziskus im Dezember 2015: »Frauen in der Kirche müssen wertgeschätzt, aber nicht klerikalisiert werden«. Vorausgegangen war eine kleine Debatte um den Kardinalsrang. Mit diesem Kniff könnten Frauen ganz ohne Priesterweihe zu höchsten Würden kommen, behaupten einige Theologen, es müsste nur das geltende Kirchenrecht geändert werden. Mit dem Papstwort war Ihre Eminenz, Frau Kardinälin, raus aus dem Zirkel, bevor sie dazugehören konnte.

Ist Franziskus' Kleruskritik ein Wink an die Frauen: Mädels, diesem verkommenen Verein von Kollar- und Mitraträgern wollt ihr doch wohl nicht angehören? Das wäre eine durchaus raffinierte Taktik: Er wertet die Männerjobs ab und verkauft schon das als Aufwertung des Weiblichen. »Denken wir daran, dass Maria wichtiger ist als die Apostel. Daher sind auch die Frauen in der Kirche wichtiger als die Bischöfe«, sagte er bei einer seiner Flugzeug-Pressekonferenzen.

Außer Worten hat er wenig Wertsteigerndes anzubieten. Wer die Macht- und Geschlechterfrage umgehen will, spricht vom »Miteinander aller Getauften und Gefirmten«, vom Priestertum aller, einem Ideal des Zweiten Vatikanischen Konzils. Unter der Wortwolke sind alle gleich und manche gleicher. Das »Priestertum aller« heißt mitnichten »Grüß Gott, Frau Pfarrerin«. Auch Franziskus macht da keine Ausnahme. Er tänzelt um die Damen herum, er umgarnt Frauen mit seinem Mama-Ideal, bis ihnen so schwindelig sein möge, dass alles zu einem großen Miteinander verquirlt wird.

Der Franziskus-Dreh ist simpel: Wenn die Kirche auf Macht verzichtet, wenn sie weniger klerikal daherkommt, dann gibt es auch für die Männer nur noch kleine Tortenstücke. Wenn Laien mehr dürfen als bisher, dann dürfen auch weibliche Laien mehr als bisher. Wenn die Kirche ernst macht mit der Bescheidenheit, dann tut Frauen es schon nur noch halb so weh, dass sie mit viel Ehre und wenig Amt, mit vielen Erdbeeren und wenig Fett abgespeist werden. Apostolische Protonotare und Prälaten werden nicht mehr ernannt, wozu dann Protonotarinnen und Prälatinnen? Keine Buttercreme für niemand, das soll die wahre Emanzipation sein.

Dialektischer Logik zufolge wäre nach Jahrhunderten der Männerweihe endlich die Frauenweihe dran. These, Anti-These-Synthese, so ist das bei Karl Marx. Doch Franziskus ist kein Marxist. Er überspringt die Anti-These, die Frauenweihe, und hebt die Kirche gleich auf eine neue Stufe. Diese Dialektik heißt Barmherzigkeit. Und weil Gottes Name Barmherzigkeit ist, sollen Frauen glauben, dass diese neue Stufe viel toller ist als die olle Weihe.

Bisher wurden vom Lehramt die Argumente gegen die Weihe stark gemacht. Es läge in der Macht des Papstes, nun die Argumente für eine Reform nach oben zu ziehen. Er müsste das Bisherige nicht einmal Irrtum nennen, sondern das Künftige einfach Weiterentwicklung. So wie frühere Päpste die Errungenschaften der Französischen Revolution des Teufels fanden und später treuherzig versicherten, die Kirche sei immer schon für die Menschenrechte gewesen. Wenn der Stellvertreter Christi es will, geht vieles. Er will nur nicht oder jedenfalls nicht genug.

Wollte denn der, den Franz vertritt? Jesus hat Frauen nicht zu Priestern geweiht. Männer allerdings auch nicht. Eine Schlüsselszene zur Frauenfrage ist für mich – als Nicht-Theologin – statt des stets zitierten Abendmahls jene Passage aus dem Matthäusevangelium, in der Jesus mit den Pharisäern über Moses und die Scheidebriefe spricht. Er erinnert an das Buch Genesis, an Mann und Frau, die »ein Fleisch« werden. Beide Geschlechter werden in einem Atemzug genannt, es gibt keinen Hinweis auf ein hierarchisches Verhältnis. Jesus ermahnt die Ehemänner, Frauen nicht wie Ge-

genstände auszutauschen, wenn sie nicht mehr gefallen. Die Jünger, nicht die Pharisäer, merken etwas später an, unter diesen Bedingungen sei es ungünstig zu heiraten. Sie wollten wissen, warum sich denn eine Ehe lohnen soll, wenn der Mann nicht das Sagen hat.

Jesus behandelt Männer und Frauen gleich, nicht nur an dieser Bibelstelle. Dass es sich anders entwickelt hat, sowohl in der Hierarchie der Ehe als auch in der Hierarchie der Kirche, ist zeitbedingt. Den Geist ihrer Zeit – die Angst vor dem Machtverlust – fassen die verdatterten Jünger treffend in Worte. Weder die Jünger noch die Kirche waren reif für diese Radikalität. Die Institution passte sich jahrhundertelang dem allgemein üblichen Patriarchat an, verstärkte und überhöhte es geistlich. So gesehen ist nicht die Frauenweihe ein Kniefall vor dem Zeitgeist, wie Konservative stets fürchten. Die Ungleichbehandlung von Frauen und Männern war anpasserisch. Jetzt ist sie so anachronistisch, dass sie von den Burkes dieser Welt schon wieder als Avantgarde verkauft wird.

Lohnt es sich noch, Priester zu sein, wenn die Frauen das auch sein dürften? Darauf können – Theologie der Frau hin, Theologie für die Frau her – nur die Kirchenmänner antworten. Dafür müsste Franziskus die Machtfrage erst einmal so klar stellen. Dieses Risiko hat er bisher gemieden.

Frauen stellen sie auch nicht mehr laut. Ende der 1980er Jahre schrieb die Theologin Uta Ranke-Heinemann den Bestseller »Eunuchen für das Himmelreich«. Sie saß damit in vielen Fernsehstuhlkreisen und verlor ihren Lehrstuhl. Heute lockt das Thema kein Millionenpublikum mehr, es reizt allenfalls die Glaubenskongregation. »Im Vatikan kommst du als Frau nur mit dem Staubsauger nach oben«, sagt Uta Ranke-Heinemann gelegentlich in Interviews. Das klingt lustig, eine gesellschaftliche Großdebatte darüber bleibt aus. Manche Kämpferin ist fast so alt wie der Papa emeritus. Mama emerita ist müde.

Deutschland hat mittlerweile, was in den 1990ern unmöglich schien: eine Kanzlerin. Nur die katholische Kirche hat noch immer keine mächtige Frau, jedenfalls keine lebende. Das Machtwort eines verstorbenen Mannes wirkt weiter: Johannes Paul II. hat in seinem Apostolischen Schreiben »Ordinatio Sacerdotalis« von 1994, knapp unterhalb der Schwelle zum Dogma, die Nicht-Existenz von Priesterinnen zum Identitätsmerkmal seiner Kirche erklärt. Mädels, Macht ist unwichtig, Mystik passt zu euch!, heißt seitdem der katholisch korrekte Kurs.

Das mehr als 20 Jahre alte Schriftstück gilt bis heute als Referenzwerk zum Thema. Franziskus hat zwar mit seinem Apostolischen Schreiben »Evangelii Gaudium« in mancher Hinsicht Kritisches über seine Vorgänger formuliert, in punkto Frauenweihe bleibt er affirmativ. Als ihn Journalisten auf dem Rückflug von seiner USA-Reise auf Priesterinnen ansprachen, sagte er kategorisch: »Frauen können nicht Priester sein.« Johannes Paul II. habe diese Frage nach »reiflicher Überlegung« entschieden. Am Reformationstag 2016, auf dem Rückflug von Schweden, wiederholte er diese Worte, kurz nachdem er eine lutherische Erzbischöfin geherzt hatte. Seine Vorgänger hätten die Angelegenheit entschieden. »Und dabei bleibt es.« Das hört sich dann doch wie ein Machtwort an.

Männer, die Maria preisen, weil sie im entscheidenden Moment ein Ja hauchte, sagen selbst in entscheidenden Momenten Nein.

Mamma mia, Maria

Auf der Kommode meiner Großmutter stand ein Schnapsglas mit einer Kaffeebohne, bewacht von einer Plastikmadonna aus Lourdes. Einmal am Tag schraubte Oma das blaue Krönchen der Muttergottes ab, goss sich etwas Weihwasser ins Gläschen und trank. Aus der Tasche ihrer Kittelschürze baumelte immer ein Rosenkranz. Meine Mutter und ich betrachteten das Schauspiel mit der Kaffeebohne und dem Weihwasser skeptisch. Ich stellte mir vor, dass Lourdes-Pilger in dem Wasser ihre Füße gebadet hatten. Oma trank Bakterien. Bazillen, wie man im Dorf sagte. Sie wurde 83 Jahre alt.

Meine Mutter bezweifelte ohnehin den Sinn von Weihwasser. Oft erzählte sie mir die Geschichte vom Antrittsbesuch der frommen Frauen im Neubau meiner Eltern anno 1964. Ein kleines Weihwasserbecken gehörte damals in einem katholischen Dorf zu jedem Hausstand, es hing im Flur. »Sogar Weihwasser ist drin«, raunte eine meiner Omas der anderen zu. Das war die höchste Form der Anerkennung für die neue Hausherrin. Dabei kam die Weihe aus dem Hahn. Meine Mutter hatte in letzter Sekunde Leitungswasser eingefüllt. Sie erzählte später oft davon, eher erleichtert als schadenfroh.

Als Schülerin besserte ich mein Taschengeld auf, indem ich in der Kirche Orgel spielte. Meine Mutter gab mir die Noten alter Marienlieder. Ich spielte sie während der Kommunion als meditative Einlage. »De Löck Sinn am kriesche«, sagte meine Mutter zufrieden beim Blick von der Orgelbühne hinunter. Tatsächlich weinten viele, wenn ich höchste Flötentöne anstimmte. Manche

Gottesdienstbesucher brachten mir ihre Maria-Herzensmelodie, damit ich diese auch interpretierte. Die Frauen mit der schärfsten Zunge wünschten sich die süßesten Lieder. »Segne du Maria, segne mich dein Kind«, »Es blüht der Blumen eine«, »Oh Maria, Gnadenvolle«. »Meine« Messen wurden zur Hitparade der Volkskirchenmusik, Maria Helbig in fromm. So viel Kitsch lässt jeden ernsthaften Kirchenmusiker in Tränen ausbrechen. Ich war da schmerzfrei.

Als ich zum Studium nach Paris ging, schenkte mir meine Tante, eine treue Lourdes-Besucherin, einen Rosenkranz. Maria sollte mich beschützen in der Stadt der Sünde, sagte sie. Ich verdrehte die Augen, als sie nicht hinguckte, und steckte das Geschenk ein.

Erst viele Jahre später habe ich mich ernsthaft gefragt, was diese Frauen – Oma, Tante, Frühmessenbesucherinnen – an Maria fasziniert haben mag. Für mich war in der Pubertät klar: Maria ist ein kirchenmännliches Ideal, erdacht, um Ja-Sagerinnen heranzuziehen. Sie war keusch, rein, unerreichbar. Dagegen mussten reale Frauen wie Versagerinnen aussehen. Während wir Jugendlichen uns allerlei Gedanken über das erste Mal machten, pries die Kirche eine Frau, die niemals, wie es in der Bibel hieß, einen Mann erkannt hatte. Wir diskutierten in der katholischen Teestube über Pille und Pickelcremes; die reine Magd mit makelloser Haut war etwas für alte Frauen.

Bis heute teile ich die Ansicht von Sabine Demel und Renate Wind: »Mit der Dogmatisierung der unbefleckten Empfängnis Mariens ist ein männliches Herrschaftssystem perfektioniert, das als Weiblichkeitsmodell verschleiert wird: Entsexualisierung plus Demut, das weibliche Ideal. Ein Symbol, geschaffen, den Unterdrückten die Selbstunterdrückung beizubringen, den Verunsicherten die Selbstzensur, den doppelt Ausgebeuteten die Selbstausbeutung.« Nicht alle Männer müssen Jesus nachfolgen, nicht alle Väter Josef, aber alle Frauen Maria.

Nach dem Tod von Oma und Tante, nach dem Einstieg in den Beruf, vergaß ich zunächst die Plastikmadonna. Als ich 2002 zum ersten Mal Mutter wurde, erinnerten mich andere daran. Männer. Ich arbeitete damals bei der Wochenzeitung »Rheinischer Merkur«. Einige Herren aus dem gemäßigt konservativ-katholischen Spektrum gratulierten nach der Geburt – kein Witz – zur »Vollendung meiner Weiblichkeit«. Ein Herausgeber ließ mich wissen, meine Texte seien nun reifer. Zehn Wochen nach der Geburt arbeitete ich wieder Vollzeit. Eine Herausgeberin erkundigte sich, wo in der Zeit das Baby sei, »das arme Würmchen«.

Natürlich verändert ein Kind vieles im Leben, für die Mutter und für den Vater. Die sehr katholische Erwartung, dass ein Kind alles verändert, muss etwas mit dem Marien-Kult zu tun haben. Völlige Hingabe, totale Opferbereitschaft – Mütter, die andere Interessen als Brutpflege bewahren, sind verdächtig. Mit ihren Gefühlen stimmt schon wieder etwas nicht. Zum Priestertum dürfen sich Frauen nicht berufen fühlen, zur Mutterschaft müssen sie es voll und ganz.

Für katholische Journalistinnen hat dieser subtile Mama-Marienkult allerdings auch Vorteile. Eine Freundin, weder Ehefrau noch Mutter, sagte mir kürzlich: »Du kannst leicht Päpste kritisieren. Du bist verheiratet, hast zwei Kinder, damit hast du bewiesen, dass du eigentlich katholisch bist. Mir glaubt das so richtig keiner.« Sie hat Recht. Viele Frauen, denen ich von diesem Buch erzählt habe, berichten: Als Kinderlose und Singles würden sie in der Kirche nicht für voll genommen, gerade wenn sie kritische Positionen vertreten. Kein Wunder, dass die keinen abgekriegt hat. Vielleicht stimmt mit ihren Hormonen etwas nicht. Die ist doch schon über die Wechseljahre hinaus. Von solchen Bemerkungen erzählen sie. Die Zukunft des Katholizismus wird in manchen Milieus auf dem Beckenboden entschieden.

Unter den Frauen, die für die Weihe kämpfen, sind einige Verheiratete, einige mit Kindern. Die Mehrheit lebt jedoch wie Jesus: als Single ohne Nachwuchs. Was Priesteramtskandidaten veredelt, wird Kandidatinnen zum Defizit. In allen Verkündigungen des Lehramtes schwingt der Vorwurf mit, dass Frauen, die eine Berufung zur Priesterschaft verspüren, ihre eigentliche Bestimmung noch nicht gefunden haben.

Meine Großmutter, Jahrgang 1904, wuchs auf im Geiste von Papst Pius XI. Der warnte in der Enzyklika »Casti connubii« 1930 vor emanzipatorischen Ideen. Die Befreiung der Frau sei »eine Schändung des weiblichen Empfindens und der Mutterwürde«. Die »unnatürliche Gleichstellung mit dem Manne« werde die Frau ins Verderben führen. Etwas von diesem Geist wirkt weiter. Die volle Menschenwürde haben Frauen nur durch die Mutterwürde. Kein Wunder, dass angesichts dieser Altlasten fordernde Frauen die Kirche überfordern.

Die feministische Theologie hat sich dagegen gewehrt. Sie entdeckte die andere Maria, Maria aus Magdala, außerhalb der Kirche vor allem als Maria Magdalena bekannt. Alle Evangelien erwähnen sie, im Lukasevangelium wird sie Jesus sehr nahe gerückt: »Die Zwölf begleiteten ihn, und auch einige Frauen, die von bösen Geistern und von Krankheiten geheilt worden waren: Maria, genannt Magdalena, aus der sieben Dämonen ausgefahren waren«. Lange wird sie fälschlicherweise mit der Ehebrecherin gleich gesetzt, erst das Zweite Vatikanische Konzil beendet diese Legende, die Gregor der Große im sechsten Jahrhundert in die Welt gesetzt hatte. Maria Magdalena beweist ganz nebenbei, dass Päpste irren können.

Die Popkultur von Dan Brown bis zum Musical »Jesus Christ Superstar« liegt ebenso daneben. Sie degradiert die rätselhafte Frau zur Geliebten Jesu, und schreibt damit – in vermeintlich kirchenkritischem Gewand – ein patriarchalisches Klischee fort: Eine Frau braucht einen Mann an ihrer Seite, um massenkompatibel zu sein. »I don't know how to love him«, schluchzt Maria Magdalena im Musical.

Die feministische Theologie der 1980er Jahre feierte das Gegenteil: einen Mann, der eine freie Frau an seiner Seite hat. Maria Magdalena folgt Jesus aus Überzeugung, weder aus Gehorsam noch aus Demut. Sie steht unter dem Kreuz, begegnet dem Auferstandenen und überbringt die Botschaft, nicht weil sie muss, sondern weil sie will. Mutig, willensstark, lasziv – so ist diese andere Maria.

Die Frauenbewegung hat Maria von Magdala nicht entdeckt. Es gibt eine lange Tradition des Magdalenenkultes, durchaus befeuert von Kirchen-Übervätern wie Hippolyt von Rom und Augustinus. Als Vorbild gepriesen wurde die bekehrte Sünderin; Reue und Treue galten als ihre Tugenden. Als klar war, dass sie weder Prostituierte noch Sünderin war, blieb die Treue übrig. Die Formulierung »Apostolin der Apostel« tauchte schon im dritten Jahrhundert auf. Franziskus erhob sie 2016 per Dekret offiziell in den Stand einer Apostelin mit eigenem Tag im Festkalender. Der Feiertag der Maria von Magdala ist der 22. Juli.

Während die Männer diese schillernde Maria ins Herz schließen sollen, gewinnen Frauenrechtlerinnen die konventionelle Maria lieb. Aus der vermeintlichen Ja-Sagerin ist eine glaubensstarke Frau geworden. Ich kenne einige Feministinnen, die das Magnificat mit Inbrunst sprechen, als sei es ein Rüstgebet im Streit um Gleichberechtigung. Der Text nötigt tatsächlich nicht zu einem gesenktem Blick. »Er stürzt die Mächtigen vom Thron und erhöht die Niedrigen«, heißt die bekannteste Zeile. Sollte die Ämterfrage etwas mit Macht zu tun haben, dann fordert Maria unter anderem das Ende der Männerzirkel.

Die Marienverehrerinnen meiner Familie haben nicht so offen aufbegehrt wie jene Theologinnen, die in Maria die Schwester im Kampf um Gender-Gerechtigkeit entdeckten. Immerhin haben sich die Segne-Du-Maria-Frauen die Freiheit genommen, dem kirchenmännlichen Marienbild ein anderes zur Seite zu stellen. Für diese Volksfrommen war Maria vor allem die Freundin, die ganz normale Mutter, die sich Sorgen macht, als ihr Zwölfjähriger nicht aufzufinden ist. Sie galt als Schmerzensschwester, die den toten Sohn beweint. Sie haben trotzig, mit Kitsch und billigem Plastik, ihre Heilige der kleinen Leute gegen die Hierarchen verteidigt.

Klar wurde mir das Subversive dieser Aneignung erst so richtig, als ich den Fotoband »Gott sieht alles im Heiligen Land Tirol« durchblätterte. Der Fotograf Thomas Parth hat Wegkreuze, Heiligenfiguren und eben auch Madonnen seiner Heimat wie ein Schmetterlingssammler zusammengestellt. Schaut man sich die verschiedenen Marias nebeneinander an, so fallen die Unterschiede auf: Es gibt pausbäckige und magere, rotwangige und blasse, sorgenvolle und lächelnde. Maria wurde den Bedürfnissen ihrer Betrachterinnen angepasst, nicht umgekehrt. Das ist das subtil Widerständige weiblicher Volksfrömmigkeit.

Auch Franziskus scheint sein Herz nicht an eine makellose, übermenschliche Jungfrau verloren zu haben. In einem Gespräch mit Ordensoberen im November 2016 sagte er: »Die Madonna ist die Mutter, die Jesus in unserem Herzen zur Welt bringt. Diese Mode der Superstar-Madonna, wie eine Darstellerin, die sich selbst in die Mitte rückt, das ist nicht katholisch.« Da klingt der Papst fast schon wie die Frauenrechtlerin Gabriele Miller, wie Sabine Demel sie zitiert: »Aus der Maria über allen Frauen wird die Maria für alle Frauen.«

Die Marien-Dogmatik polarisiert. Zweifel an der Jungfrauengeburt bezahlten Theologinnen und Theologen mit dem Entzug der Lehrerlaubnis. Die neue Einheitsübersetzung der Bibel, erschienen im Dezember 2016, markiert das Wort Jungfrau im Buch Jesaja mit einem Sternchen. Das Zeichen verweist auf eine Fußnote. Statt Jungfrau müsse es »junge Frau« heißen, das sei die korrekte Übersetzung des hebräischen »Alma«, steht im Erklärtext. Eine erstaunliche Änderung: Die korrekte Übersetzung von »Alma« war längst bekannt, aber anscheinend lange nicht genehm. Warum also der ganze Zauber mit der Jungfrau, warum nicht schon längst »junge Frau«? Bei einem Podium zur Bibel-Revision im Februar 2017 frage ich einen, der es wissen muss: Kardinal Reinhard Marx. Wurde die Jungfrau in der katholischen Kirche überschätzt? Das Publikum lacht, der Kardinal antwortet ausweichend. Das sei nun einmal die korrekte Übersetzung und eine junge Frau sei damals ohnehin Jungfrau gewesen. Eigentlich wäre das eine gute Gelegenheit, die ausgemusterten Kritiker der biologischen Jungfräulichkeit um Vergebung zu bitten. Diese Bitte bleibt aus.

Ich habe Grund, um Vergebung zu bitten: Mir tut es heute leid, dass ich den Marienverehrerinnen meiner Familie die Patriarchatskeule um die Ohren gehauen habe. Meine Oma leistete sich eine eigene Maria. Das Weihwasser in der Plastikmadonna enthielt Spurenelemente von Protest. Das mit der biologischen Jungfrau interessierte sie nicht die Bohne.

Wie die Tür ins Schloss fiel.
Franziskus' Vorgänger und die Frauen

»Die katholische Kirche hält daran fest, dass es aus prinzipiellen Gründen nicht zulässig ist, Männer zur Priesterweihe zuzulassen. Zu diesen Gründen gehören: Das in der Heiligen Schrift bezeugte Vorbild Christae, die nur Frauen zu Apostelinnen wählte, die konstante Praxis der Kirche, die in der ausschließlichen Wahl von Frauen Christa nachahmte, und ihr lebendiges Lehramt, das beharrlich dran festhält, dass der Ausschluss von Männern für das Priesteramt in Übereinstimmung steht mit Gottes Plan für seine Kirche.«

Glauben Sie nicht, oder? Ersetzt man das Wort Frau durch Mann und Christa durch Christus, dann wird Glaubenslehre daraus. Am 30. November 1975 schrieb Papst Paul VI. dem Erzbischof von Canterbury einen Brief, in dem er Gottes Plan derart darlegte. Die wichtigsten päpstlichen Argumente gegen die Frauenordination passen in einen Satz. Die Anglikaner überzeugten sie mittelfristig nicht, viele Katholikinnen und Katholiken ebenso wenig. Die Anglikanische Kirche führte später die Ordination trotz der Warnung aus Rom ein; die erste anglikanische Bischöfin gibt es mittlerweile in der Church of England auch. In der katholischen Kirche blieb es bei der Diskussion. Später wurde sogar die schwierig.

Um den Anfechtungen debattierfreudiger Theologinnen und Theologen gewachsen zu sein, beauftragte Paul VI. die Glaubenskongregation damit, das Nein in mehr als einem Satz zu begründen. Die legte daraufhin die Erklärung »Inter Insigniores« vor. Das

Dokument vom 15. Oktober 1976 gilt als Pflichtlektüre für alle, die nichts verändern und doch über das Stadium »war schon immer so und wird immer so bleiben« hinauskommen wollen.

Die Glaubenswächter beginnen mit einem Seufzer: Die Zustimmung zur Unmöglichkeit der Frauenordination sei über Jahrhunderte so sicher gewesen, nun aber müsse das Lehramt einschreiten. Es gibt damals Zweifel an der Unmöglichkeit der Frauenweihe. Sie keimen an theologischen Fakultäten. In Münster hat ein Professor die Doktorarbeit einer jungen Theologin namens Ida Raming angenommen, sie wird sich später auf einem Donauschiff zur Priesterin weihen lassen. Einige Wissenschaftler stellen in Frage, dass Jesus Ämter begründet hat, sie heben hervor, dass er Frauen deutlich besser behandelt hat, als zu seiner Zeit üblich. Diese Argumente nimmt die Glaubenskongregation wahr, aber nicht ernst. Als Erörterungsübung im Sozialkundeunterricht der Siebten Klasse würde das Papier durchfallen. Immerhin hält es die katholische Kirche für nötig, ihre Entscheidung zu erklären und zumindest so zu tun, als sei eine Debatte tatsächlich möglich.

Das war vorher anders und wird später wieder anders sein. Mitte der 1970er Jahre – das Zweite Vatikanische Konzil ist noch frisch – reicht der Befehl nicht mehr. Die Verfasser von »Inter Insigniores« schlagen einen werbenden Ton an, um Befürworterinnen und Befürworter der Frauenweihe von ihren emanzipatorischen Wünschen abzubringen.

Die Kirche distanziert sich in diesem Schreiben von Teilen der mittelalterlichen Theologie. Ein Klassiker der Anti-Weihe-Argumentation stammt von dem Scholastiker Bonaventura aus dem 13. Jahrhundert. Der Gelehrte und Kardinal hatte vier Punkte angeführt, praktische wie geistliche. Der schrulligste besagt, Paulus habe im Korintherbrief Frauen das Beten mit Schleier befohlen, deshalb könne ihnen keine Tonsur verpasst werden. Ohne Tonsur könne man kein Kleriker werden. Der zweite Grund ist ein theologischer: Gott sei ein Mann und weihefähig sei nur, wer dem Abbild Gottes entspreche. Das dritte Argument – ein sehr berühmtes – stützt sich auf den zweiten Brief des Apostels Paulus an Timotheus. Darin heißt es: »Dass eine Frau lehrt, erlaube ich nicht, auch nicht, dass sie über ihren Mann herrscht; sie soll sich still verhalten. Denn zuerst wurde Adam erschaffen, danach Eva. Und nicht Adam wurde verführt, sondern die Frau ließ sich verführen und übertrat das Gebot. Sie wird aber dadurch gerettet werden, das sie Kinder zur Welt bringt, wenn diese in Glaube, Liebe und Heiligkeit ein besonnenes Leben führen.« Lehren ist zwar nicht dasselbe wie Herrschen, aber sobald eine Hierarchie erkennbar wird, gilt es dem mittelalterlichen Gelehrten als selbstverständlich, dass die höhere Stufe nicht von einer Frau erklommen werden darf. Als viertes Argument führt Bonaventura schließlich ein ekklesiologisches an: Der Bischof sei der Bräutigam, die Kirche die Braut. Dass eine Braut eine Braut ehelicht, dürfte im 13. Jahrhundert noch unwahrscheinlicher gewesen sein, als in der Kirche von heute.

Das Schreiben von 1976 greift diese Tradition nur selektiv auf. Weder die Tonsur noch die mittelalterliche Vorstellung von der Frau als schwachem Abglanz des Mannes tauchen in »Inter Insigniores« ausdrücklich auf. Manche von Bonaventuras Ausführungen ließen sich in der zweiten Hälfte des 20. Jahrhunderts beim besten Willen nicht mehr aktualisieren. Die Glaubenskongregation gibt zu, dass die scholastischen Theologen »zu dieser Frage oft Argumente anführen, die das moderne Denken nur schwerlich gelten lässt oder sogar mit Recht zurückweist.«

Wie der Theologe Peter Hünermann in der »Theologischen Quartalschrift« von 1993 ausführt, werden die zeitbedingten Diskriminierungen trotz dieser Kritik an der Scholastik subtiler fortgeschrieben. Das Ergebnis bleibt gleich, die Herleitung ändert sich.

Statt der Tonsurunfähigkeit rückt 1976 ein Aspekt nach vorn, der für die Kirchenlehrer des Mittelalters keine besondere Rolle spielte: die Berufung auf Jesus, den Frauenfreund. Jesus habe zwar Frauen besser behandelt, als es unter Männern seiner Zeit üblich war, gesteht die Glaubenskongregation, um dann genau diese Beobachtung gegen den Anspruch auf ein Amt zu kehren. Gerade weil Jesus sich nicht um die Diskriminierungen seiner Zeit scherte, sei es umso bemerkenswerter, dass er Frauen das apostolische Amt nicht anvertraut habe. Bei Jesus wirkte demnach nicht der Geist der Zeit, da wehte der Heilige Geist und der bläst Frauenträume davon.

Wer in der mittelalterlichen Theologie nach wertschätzenden Worten über Frauen sucht, muss tief bohren. Die Weiber galten als defizitäre Wesen. Die Kommission, die im Auftrag von Paul VI. nach einem netten Nein fahndet, stößt schließlich auf Papst Innozenz III. Der hat im 13. Jahrhundert etwas vordergründig Nicht-Diskriminierendes zu Papier gebracht: »Obwohl die allerheiligste Jungfrau Maria alle Apostel an Würde und Erhabenheit übertroffen hat, hat der Herr nicht ihr, sondern jenen die Schlüssel des Himmelreichs anvertraut.«

Maria steht über allem, deshalb braucht sie kein Amt. Dieser Gedanke wirkt bis heute. Papst Franziskus lobt die Himmelskönigin, um irdische Begehrlichkeiten von Frauen abzuwehren. Für Maria soll's rote Rosen regnen, für Päpste gibt es bloß weißen Rauch. Die Forderung nach einer Weihe verleugnet damit angeblich nicht nur das Vorbild Jesu, sie ist – fast noch schlimmer – ein Zeichen des Undanks.

Das zweite Schlüsselargument aus »Inter Insigniores« betrifft die Apostel. Auch sie hätten nach Jesu Tod und Auferstehung die

Möglichkeit gehabt, Frauen gleichermaßen mit der Verkündigung des Evangeliums zu betrauen. Sie verzichten darauf. Frauen verbreiten die Nachricht vom leeren Grab, für »den Heiligen Paulus« erreicht ihre Mitarbeit dennoch nicht den offiziellen und öffentlichen Frohbotschafterstatus. Prophetisch reden dürfen sie, lehren hingegen nicht. Das sei exklusiv den apostolischen Gesandten vorbehalten. Die Frauen prophetisch, die Männer apostolisch – das ist bis heute die geschlechtsspezifische Arbeitsteilung. Muss man noch erwähnen, welche Befähigung für die Priesterweihe qualifiziert? Es ist nicht die prophetische.

Das dritte Argument gegen die Frauenweihe kreist um die Rolle des Priesters. Diese Passage aus dem Schreiben der Glaubenskongregation hat einige der schönsten Vokabeln zu bieten, die man braucht, um als konservativer Katholik theologisches Fachwissen vorzutäuschen. Ein durch den Saal geschleudertes »In persona Christi!« garantiert ehrfürchtige Blicke, auch von kirchenpolitisch Liberalen. Gemeint ist damit, dass der Priester bei der Feier der Eucharistie nicht in eigener Person handelt, sondern an Christi statt. Die Glaubenskongregation schwärmt: »Der Priester ist ein Zeichen, dessen übernatürliche Wirksamkeit sich aus der empfangenen Weihe herleitet, ein Zeichen aber, das wahrnehmbar sein muss und von den Gläubigen auch leicht verstanden werden soll.« Es solle eine »natürliche Ähnlichkeit« zwischen Christus und seinem Diener geben. Diese Ähnlichkeit wird nicht durch Haarfarbe, Hautfarbe oder Statur erzeugt, Mannsein genügt. »Das Geschlecht bestimmt den Menschen derart, dass es durch alle Zeiten und Gesellschaften hin gleich bleibt«, staunt Theresia Heimerl, die Expertin für »Andere Wesen«.

Das Geschlecht wird deshalb höher bewertet als alle anderen Kriterien, weil »die Menschwerdung des Wortes in Form des männlichen Geschlechts erfolgt« sei. Ethnische Unterschiede berühren die menschliche Person angeblich nicht so tief wie der Unterschied zwischen Mann und Frau. Das imprägniert die katholische Kirche gegen rassistische Vorurteile; die Frage »Ist die Kirche reif für einen schwarzen Papst?« stellt sich erfreulicherweise nicht, weil die Hautfarbe kein Kriterium für den Zugang zu Ämtern ist.

Die Frage »Ist die Kirche reif für eine Päpstin?« erübrigt sich aus anderen Gründen. Die Glaubenskongregation verhängt Mitte der 1970er Jahre noch kein Diskussionsverbot, sie bewacht die Geschlechtergrenze fortan scharf.

Als weiteres Argument gegen die Weihe wird die Glaubenstradition ins Feld geführt, zusammengefasst in dem Satz: »Niemals ist die katholische Kirche der Auffassung gewesen, dass die Frauen gültig die Priester- oder Bischofsweihe empfangen konnten.« Das stimmt. Es gab zeitweise Diakoninnen und machtvolle Äbtissinnen, aber legal geweihte katholische Priesterinnen? Fehlanzeige. Was nicht in der Geschichte gefunden wird, müsste erfunden werden. Dazu macht die Glaubenskongregation keine Anstalten. Auch künftige Funde und Befunde werden ausgeschlossen. Verschwiegenes und Verfälschtes bleibt verschwiegen und verfälscht. In einem letzten Kapitel halten die Glaubenshüter fest, dass die Sakramententheologie sich naturwissenschaftlichen Erkenntnissen entzieht. Wurde zuvor die natürliche Nähe des männlichen Priesters zu Jesus Christus als Argument bemüht, gesellt sich nun das Übernatürliche hinzu. Das immunisiert gegen »wissenschaftlichen Fortschritt«.

Falls Frauen nach der Lektüre dieser Zeilen noch immer den tiefen Wunsch verspüren sollten, Priesterin zu werden, haben die Experten Abhilfe parat: Ein solcher Ruf kann nach ihrer Ansicht nur ein Hörfehler sein, eine persönliche Neigung, ein Empfinden, genährt von »Büchern und Zeitschriften«, aber keinesfalls eine echte Berufung. Ein Jahrhundert zuvor hatte die Kirche gegen Schundromane gewettert, die brave Gattinnen in Ehebrecherinnen verwandelten. Mitte der 1970er Jahre warnte sie vor Magazinen, die fromme Gefühle vorgaukelten: »Man sagt und schreibt … mitunter in Büchern oder Zeitschriften, dass einige Frauen in sich eine Berufung zum Priestertum verspüren. Ein solches Empfinden, so edel und verständlich es auch sein mag, stellt noch keine Berufung dar. Diese lässt sich nämlich nicht auf eine persönliche Neigung reduzieren, die rein subjektiv bleiben könnte.« Man versteht sich, man spricht dieselbe Sprache, Berufung ist ein Männergespräch.

Die Kategorie der Gerechtigkeit – an sich nicht unerheblich für bibelfeste Zeitgenossen – wird schnell beiseite gewischt: »Man darf … nicht vergessen, dass das Priestertum nicht zu den Rechten der menschlichen Person gehört, sondern sich aus der Ökonomie des Geheimnisses Christi und der Kirche herleitet.« Ökonomie des Geheimnisses Christi in Kombination mit »in persona Christi«. Das macht Eindruck. Verglichen mit diesem Begriffsaufgebot hört sich Gerechtigkeit naiv an.

Das Schreiben gibt einerseits Männern in Argumentationsengpässen gebündelte Gedanken an die Hand, andererseits bemüht es sich, bei Adressatinnen so etwas wie Einsicht zu wecken. Oder wenigstens Resignation. Mädels, kapiert endlich, dass es keinen Sinn hat!

Dauerhaft überzeugend wirkt die Erklärung vom Herbst 1976 nicht. Knapp 20 Jahre später sieht sich Johannes Paul II. genötigt, noch einmal fast dasselbe zu sagen, diesmal drohender. Am Pfingstfest des Jahres 1994 beendet er das damals durchaus vorhandene Stimmengewirr rund um die Frauenfrage mit einer klaren, knappen Ansage. »Ordinatio Sacerdotalis« heißt das apostolische Schreiben. Der Unter-Titel fasst die wichtigste Botschaft für nicht Latein-Kundige zusammen: »An die Bischöfe der katholischen Kirche über die nur Männern vorbehaltene Priesterweihe.« Der Papst zitiert viele Passagen aus »Inter Insigniores« und stellt weniger werbend als warnend am Schluss klar: »Damit also jeder Zweifel bezüglich der bedeutenden Angelegenheit, die die göttliche Verfassung der Kirche selbst betrifft, beseitigt wird, erkläre ich Kraft meines Amtes, die Brüder zu stärken, dass die Kirche keinerlei Vollmacht hat, Frauen die Priesterweihe zu spenden, und dass sich alle Gläubigen der Kirche endgültig an diese Entscheidung zu halten haben.« Endgültig – das ist knapp am Dogma, hart an der Unfehlbarkeitsgrenze.

Die Unfehlbarkeit sei auf dem Gebiet der christlichen Religion so etwas wie die Atombombe auf dem Gebiet der Strategie bei Staaten, schreibt der Regensburger Theologe Wolfgang Beinert in seinem Buch »Was Christen glauben«: daseinserhaltend, wenn man über sie verfügt, aber für den praktischen Gebrauch ungeeignet. Die Frauenfrage braucht eine solche Abschreckungsstrategie und gerade weil aus dem lehramtlichen Wehrarsenal nicht das Dogma geholt wurde, bleibt die Waffe alltagstauglich, einsatzbereit und daher glaubhaft gefährlich für Theologen und andere abhängig Beschäftigte. Während Paul VI. die Diskussion um die Frauenweihe als lästig abwehrt, versucht Johannes Paul II. sie für beendet zu erklären. Er sanktioniert, dass »man sie verschiedenerorts« überhaupt für diskutierbar hält. Wer die Frage aufwirft, muss mit Strafen rechnen.

Nach Erscheinen des apostolischen Schreibens taucht die Frage auf, wie lehramtlich verbindlich der Papst gesprochen hatte. Die Glaubenskongregation veröffentlicht wenig später eine »Antwort auf den Zweifel bezüglich der im Apostolischen Schreiben ›Ordinatio Sacerdotalis‹ vorgelegten Lehre«. Sie bekräftigte darin, dass die Entscheidung endgültig sei, weil sie »auf dem geschriebenen Wort Gottes gegründet und in der Überlieferung der Kirche von Anfang an beständig bewahrt und angewandt, vom ordentlichen und universalen Lehramt unfehlbar vorgetragen worden ist«.

Die Deutsche Bischofskonferenz begrüßt das Schreiben aus Rom pflichtschuldig als »hilfreiche Klärung«. Die FAZ weiß im September 1994 zu raunen, die Bischöfe hielten es für argumentativ schwach. Dürftige Denkarbeit geht mit üppigen Strafandrohungen einher. Die Bischofskonferenz weist auf den »durchaus dogmatischen Charakter« des Papiers hin. Bis heute sind Kirchenrechtler uneins in dieser Frage, weil die Unfehlbarkeit zwar beansprucht wird, die Antwort jedoch nicht alle formalen Kriterien erfüllt. Umstritten ist auch, inwieweit formal ein Diskussionsverbot verhängt wurde. De facto gilt fortan: Wer in der Theologie Karriere machen will, tut gut daran, das Lehramt nicht historisch-kritisch oder kirchenrechtlich zu belehren. In der Kirche muss ein Verbot nicht ausdrücklich formuliert werden, um zu funktionieren. Frauen und Amt werden zum gefährlichen Terrain.

Erstaunlich widerstandslos und vorauseilend gehorsam nehmen Theologen hin, dass ein Papst versucht, eine Debatte zu unterbinden. Die wenigsten jubeln, noch weniger protestieren. Grund zum öffentlichen Hosianna sieht vor allem Kölns Erzbischof Joachim Kardinal Meisner. Er warnt im Dezember 1995 in der Wochenzeitung »Rheinischer Merkur« alle, die von dem römischen Worten nicht überzeugt sind. Sie sollten die »zweifelsfrei gegebene Sicherheit« anerkennen. Erleichtert stellte er fest: »Wir brauchen unsere Energie nicht mehr auf die Diskussion der Grundsatzfrage zu verwenden; so können wir unser Augenmerk nunmehr an auf die Frage richten, wie die Lehrentscheidung angemessen vermittelt …

werden kann.« Von päpstlichen und bischöflichen Seufzern dieser Art – »Endlich Ruhe vor den Weibern!« – erholt sich die Deutsche Bischofskonferenz lange nicht.

In der Sache bringt Johannes Paul II. 1994 keine neuen Gedanken zu Papier. Ihm genügt der kurze Verweis darauf, dass es in der Geschichte der Kirche nie eine Frauenordination gegeben hat.

Zugleich inszeniert sich gerade er – ähnlich wie Franziskus heute – als Freund der Frauen. Fotos zeigen ihn als Skifahrer und Schwimmer. Ein Pontifex in Badehose. So ein Heiliger Vater ist auch nur ein Mann, sagt das. Gerade dieser virile Papst widmet dem weiblichen Teil der Christenheit besonders viel Aufmerksamkeit. Der überarbeitete CIC von 1983 stellt Frauen tatsächlich in vielen Punkten Männern gleich. Messdienerinnen werden erlaubt, Pastoralreferentin wird als Beruf möglich.

Wichtiger als das Recht ist diesem Papst die Romantik. Sechs Jahre, bevor Johannes Paul II. die Weihe-Tür zuschlägt, erscheint sein Text »Mulieris Dignitatem. Über die Würde und Berufung der Frau«. Über weite Strecken meditiert der Papst mehr als er doziert. Es ist ein Schreiben voller Komplimente: Die Frau sei im Herzen des Heilsereignisses, sie sei in Gestalt der Jungfrau Maria Vertreterin und Urbild der ganzen Menschheit, des Menschseins an sich. Schließlich schwärmt er vom »Genius der Frau«.

Johannes Paul II. sinniert, inspiriert von Maria: »So macht ›die Fülle der Zeit‹ die außerordentliche Würde der ›Frau‹ offenbar. Diese Würde besteht einerseits in der übernatürlichen Erhebung zur Verbundenheit mit Gott in Jesus Christus, die das tiefste Ziel der Existenz jedes Menschen sowohl auf Erden wie in der Ewigkeit ausmacht. In diesem Sinne ist die ›Frau‹ Vertreterin und Urbild der ganzen Menschheit: Sie vertritt das Menschsein, das zu allen Menschenwesen, Männern wie Frauen, gehört. Andererseits jedoch stellt das Ereignis von Nazaret eine Form der Verbundenheit mit dem lebendigen Gott dar, die nur der ›Frau‹, Maria, zukommen kann: die Verbundenheit zwischen Mutter und Sohn. Die Jungfrau aus Nazaret wird tatsächlich die Mutter Gottes.«

Das Papst betont zudem, was schon das Zweite Vatikanische Konzil feststellte und gern überhört wird: Die Frau ist – in Gestalt Evas von Anbeginn der Welt an – Ebenbild Gottes und dem Mann ebenbürtig.

Damit entsorgt »Mulieris Dignitatem« diskret einen Teil der Theologie: Von der früheren Kirchengeschichte an dominiert die Auffassung, der Mann sei das überlegene Geschöpf. Johannes Chrysostomos, Kirchenlehrer des vierten Jahrhunderts befand, das Weib sei bestenfalls dazu da, die Gelüste des Mannes zu befriedigen, eine Anstifterin zur Sünde also. Kirchenvater Augustinus hatte diesen Frauenzweck am eigenen Leibe erprobt. In seiner Version lautete die Frauenfrage: Warum behelligt Gott den Mann mit diesem Geschöpf überhaupt? Um den Boden zu bestellen? Da wäre eine männliche Hilfskraft besser. Um ihm Trost zu spenden? Auch da wäre ein männlicher Freund zuträglicher. Er kommt in seiner Betrachtung der Schöpfungsgeschichte zu dem Schluss: »Ich finde also keine andere Hilfestellung, für die dem Mann ein Weib geschaffen wurde, wenn nicht die, ihm Kinder zu gebären.«

Thomas von Aquin hielt neben der Gebärfähigkeit den hauswirtschaftlichen Nutzen für erwähnenswert. Das hört sich heute skurril an, war aber innerhalb des philosophischen Hochadels ein verbreiteter Gedanke. Weibliche Kreaturen konnte er sich ansonsten nur als Störung im männlichen Betriebsablauf erklären: »Wenn also ein Weib entsteht, so ist dies zurückzuführen auf eine Schwäche des Samens oder auf die Unzulänglichkeit der Substanz oder auch auf äußere Einflüsse, wie etwa auf südliche Winde, welche zu hoher Luftfeuchtigkeit führen. Aber vis-a-vis der natura universalis ist das Weib nicht durch Zufall verursacht, sondern von der Natur beabsichtigt, weil notwendig zur Zeugung. Nun stammen die Absichten der Natur von Gott, dem Schöpfer. Aus diesem Grunde hat er, als er die Natur erschuf, nicht nur den Mann, sondern auch das Weib geschaffen«, schrieb er in der Summa Theologiae.

Gesetzt war damit das Leitmotiv weiblicher Minderwertigkeit, in der Welt ist damit auch der Gedanke, dass Frauen nur dann gottgewollt oder zumindest gottgefällig leben, wenn sie sich in einer bestimmten Weise – dem Mann zu Diensten – verhalten.

Johannes Paul II. sagt sich von einem Teil dieser wirkmächtigen Tradition los. Er akzentuiert in all seinen Schreiben, dass Frauen gerade keine minderwertigen Wesen, keine missratenen Männer, keine defizitären Geschöpfe sind. Das hat das Zweite Vatikanische Konzil ähnlich formuliert – zumindest für Ehefrauen. Ebenbild und Ebenbürtigkeit müssen noch in den 1980er Jahren erklärt werden, weil das Mittelalter nicht überall zu Ende ist.

Wie so oft in päpstlichen Schreiben: Was sich für europäische Ohren rückständig oder selbstverständlich anhört, erscheint in anderen Teilen der Welt als Provokation. Johannes Paul II. geriert sich als Kämpfer gegen die weltweite Unterdrückung der Frau. Ausführlicher als seine Vorgänger erklärt er, dass Jesus Frauen nicht diskriminierte, dass er ihnen ganz besonders vertraute. Der Stellvertreter Christi legte dar, dass der, den er vertritt, eine Sünderin zu seiner Jüngerin erkor. Maria von Magdala nennt Johannes Paul II., lange vor Franziskus, »Apostel der Apostel«.

Was der Papst 1988 schreibt, mag für erzkonservativ-katholische Ohren unverschämt modern klingen, einige Spurenelemente der feministischen Theologie zeigen sich darin durchaus. Stutzig macht, dass es kein entsprechendes Dokument über die Würde des

Mannes gibt. Vom mittelalterlichen Grundgedanken, dass Frauen sich in einer bestimmten Weise verhalten müssen, um ihre Existenz zu rechtfertigen, sagt sich Johannes Paul II. nicht los.

Was er als Fürsorge deuten mag, erscheint mir als päpstliche Bevormundung: Es gibt Gebote für katholische Menschen im Allgemeinen. Und es gibt Gebote für Frauen. Gesetzt den Fall, es gäbe ein lehramtliches Dokument über die Würde der Männer – ist vorstellbar, dass darin vor allem zwei männliche Erscheinungsformen gepriesen werden, nämlich der Vater und der – hier fehlt schon die entsprechende Vokabel – keusch lebende Junggeselle? Wohl kaum. Bei der Frau hingegen definiert ein Heiliger Vater wie selbstverständlich ihre »würdigsten« Aufgaben: Mutter und Jungfrau soll sie sein, wie Maria.

Diese Kombination dürfte zunächst irritieren, weil Mutterschaft zumindest bei konventioneller Zeugung nicht ohne Sex zu haben ist. Wie kann eine Mutter jungfräulich sein? In dem sie in der Sexualität nicht die Lust anstrebt, sondern die Hingabe, verkündete Johannes Paul II. Wie kann eine Jungfrau mütterlich sein? Indem sie trotz des Verzichts auf Kinder geistige Fruchtbarkeit lebt.

Wertschätzung gegenüber Frauen zu zeigen, heißt auf katholisch immer, sie zum rechten Weg anzuleiten. Der Papst erklärt in »Mulieris Dignitatem«, was sie unter ihren Rechten zu verstehen haben. Und vor allem, was sie darunter nicht verstehen sollten.

Noch einmal eine kleine Imaginationsaufgabe: Kann man sich vorstellen, dass Männer in einem Schreiben davor gewarnt werden, Vergewaltiger zu werden, nach dem Motto: Die Männer sind alle Verbrecher? In Frauen aber sieht Johannes Paul II. potenzielle Straftäterinnen. Sind sie von einem falschen Freiheitsgedanken infiziert und lassen Männer sie im Stich, dann treiben sie ab, »befreien sich von ihrem Kind« noch vor dessen Geburt, ahnt der

Papst. Weil ein Heiliger Vater kein Mann ist wie so viele andere, lässt er die Betroffenen nicht allein.

Emanzipation und Gleichberechtigung werden für Katholikinnen, die das Schreiben ernst nehmen, zur grundsätzlich verdächtigen gesellschaftlichen Bewegungen. Begrüßenswert sind sie nur, wenn der Papst die Richtung vorgibt. Dass Frauen gegen die biblischen Worte »Er wird über dich herrschen« aufbegehren, hält Johannes Paul II. für gerechtfertigt. Dieser Widerstand dürfe unter keinen Umständen zur Vermännlichung der Frau führen, warnt er: »Die Frau darf nicht – im Namen der Befreiung von der Herrschaft des Mannes – danach trachten, sich entgegen ihrer fraulichen Eigenart die typisch männlichen Merkmale anzueignen.« Darin steckt das Schlüsselwort, das jede Tür versperrt: »frauliche Eigenart«.

Als wichtigste frauliche Eigenarten nennt der Papst Empfängnis, Gebären und Selbsthingabe. Nach einer langen schwärmerischen Meditation über Mütter und Bräute definiert er den Genius der Frau näher. Er meint damit die Sensibilität für Menschen, Caritas und Co. also. Ganz zum Schluss, ein bisschen verschämt, dankt der Papst berufstätigen Frauen, die »schwere soziale Verantwortung tragen«, irgendwas mit Menschen machen also. Zur kirchenmännlichen Eigenart gehört, sich Frauen nur in sozialen Berufen vorstellen zu können.

Die theologischen und kirchengeschichtlichen Argumente, die in dem Schreiben der Glaubenskongregation 1976 gebündelt sind, genügen Johannes Paul II. nicht. Seine Begründung erreicht anthroposophisch-philosophische Sphären. Das beendet nicht nur die Diskussion über die Weihe, jeder Zweifel an der »fraulichen Eigenart« und am »Genius der Frau« wird zum lehramtlichen Problem. Priesterinnen sind unmöglich, weil Christus ein Mann war, weil er nur Männer zu seinen Jüngern wählte und weil es keine Tradition der Frauenweihe gibt. Vor allem darf es keine geweihten Frauen geben, weil Menschen angeblich wegen ihres Geschlechts so sind wie sie sind. Männer sind Sender, Frauen Empfängerinnen.

Die Frauenfrage wird zur Identitäts- und Glaubensfrage, weil ein Papst 1988 zu wissen glaubte, wie Frauen sind und wie sie zu sein haben.

Die Wesen, die sich Johannes Paul II. vorstellt, sind keine bösen Verführerinnen, die brave katholische Gatten um den Verstand bringen. Sie sind schwache Geschöpfe, die doppelt geschützt werden müssen: zum einen vor triebhaften Männern, die sie zur sexuellen Verfügungsmasse degradieren. Daran gemahnte schon die Enzyklika »Humanae Vitae« von 1968. Zum anderen muss der Papst die Frauen vor sich selbst bewahren. Genauer: vor dem, was sie für ihr Selbst halten. Ohne den Retter aus Rom würden sie fremdgesteuert von feministischen Ideologien.

Schwülstiger Paternalismus bestimmt den Sound der 80er-Jahre-Amtskirche. Verweigern sich die eigenartigen Wesen dem Beschützerinstinkt, glauben sie, auf sich selbst aufpassen zu können, dann verfehlen sie ihre natürlich-katholische Bestimmung.

Die Frauen vermännlichen, fürchtet Johannes Paul II. Ende der 1980er Jahre. Die Kirche verweiblicht, fürchtet Kardinal Burke 2015. Dass die Geschlechtergrenzen verschwimmen, wird zur »klerikalen Angstfantasie«, schreibt die Theologin Theresia Heimerl in einem Artikel für die »EMMA«.

Angst macht erfinderisch: Jahrhundertelang war die Frau als defizitäres Wesen beschrieben und mit dieser Begründung von Ämtern ausgeschlossen worden. Als diese Linie nicht mehr durchzuhalten ist, müssen neue Argumente her. Die angebliche Auswahl Jesu' ist ein Gedanke, der, wie die Theologin Elisabeth Gössmann nachgewiesen hat, erst im 19. Jahrhundert nach vorn rückt. Er hat eine überschaubare Tradition, auch wenn er gern mit dem Hinweis auf die 2000-jährige Geschichte verteidigt wird. Die Formel »gleichwertig, aber nicht gleichartig« ist eine Erfindung des späten 20. Jahrhunderts. Sie ist jünger als die Forderung nach der Weihe. Der Papst könnte 1988 oder 1994 einfach sagen: Ich will nicht! Mehr Macht geht von dem Satz aus: Du darfst nicht!

Zehn Jahre nach dem Diskussionsbeendigungswunsch von 1994 versucht sich auch Joseph Ratzinger als Präfekt der Glaubenskongregation an dem Thema. Der Frauenschmeichlerton liegt ihm spürbar weniger als seinem Vorgänger und seinem Nachfolger im Papstamt. Ratzinger hält sich nicht mit Komplimenten und Meditationen auf, ihn treibt die Sorge um die Komplementarität der Geschlechter an den Schreibtisch. Ohne Umschweife benennt er in seinem Dokument von 2004 die »Herausforderungen« für das Lehramt. Damit meinte er »Denkströmungen, deren Ideen nicht mit der genuinen Zielsetzung der Förderung der Frau übereinstimmen«. Schon wieder ein Kirchenmann, der weiß, was Frauen genuin wollen sollen. Wenige Zeilen später verwandelt er die »Herausforderung« in »das Problem«. Gemeint sind »neue Tendenzen« in der Frauenfrage. Der Präfekt schreibt: »Eine erste Tendenz unterstreicht stark den Zustand der Unterordnung der Frau, um eine Haltung des Protests hervorzurufen. So macht sich die Frau, um wirklich Frau zu sein, zum Gegner des Mannes.« Schon wieder scheint es auf, das Feindbild der Vermännlichung des Weibes.

Joseph Ratzinger gesteht, dass es »Missbräuche der Macht« gab, ohne diese näher auszuführen. Dabei wäre gerade das interessant. Das Wort Macht wird in kirchlichen Dokumenten selten verwendet, allenfalls als Vollmacht. Hier taucht es auf. Worin besteht die Macht der Kirche anno 2004? Es wäre reizvoll gewesen, wenn ein

Kardinal mit intellektuellem Anspruch diesen Begriff hin- und hergewendet hätte, von Paulus bis Foucault vielleicht. Dazu kommt es nicht. Unmittelbar schließt Ratzinger die Kritik an den falschen Frauen an. Die antworten – anders als richtige Frauen – auf den nicht näher definierten Missbrauch mit »einer Strategie des Strebens nach Macht«. Dieser Prozess führe zu einer Rivalität der Geschlechter, bei der die Identität und die Rolle des einen zum Nachteil des anderen gereichten. Die Folge davon sei eine Verwirrung in der Anthropologie, die Schaden bringe und ihre unmittelbarste und unheilvollste Auswirkung in der Struktur der Familie habe.

Frauen, die Macht wollen, versündigen sich also an der Familie, mehr noch: an der ganzen Menschheit. Frauen seien »in ihrem tiefsten und ursprünglichsten Sein« dazu geschaffen, für andere da zu sein, heißt es in dem Brief. Die Mutterschaft liege in ihrem Wesen, zugleich dürfe sie – immerhin – nicht auf ihre biologische Aufgabe reduziert werden. Der Kurienkardinal plädiert dafür, dass Frauen »in der Welt der Arbeit und des gesellschaftlichen Lebens gegenwärtig« sein sollten, vom Zugang zu verantwortungsvollen Stellen ist sogar die Rede. Zugleich wünschte sich der Autor eine gerechte Wertschätzung der Arbeit in der Familie.

Die Kirche helfe bei der Selbstverwirklichung, nicht der Feminismus: »Trotz der Tatsache, dass eine gewisse Strömung des Feminismus Ansprüche für sie selbst einfordert, bewahrt die Frau doch die tiefgründige Intuition, dass das Beste ihres Lebens darin besteht, sich für das Wohl des anderen einzusetzen, für sein Wachstum, für seinen Schutz.«

Schon 2004 sieht Ratzinger neben dem klassischen Feminismus und dem Kampf der Geschlechter eine neue Bedrohung heraufziehen: Gender. Die leibliche Verschiedenheit werde auf ein Minimum reduziert, während die streng kulturelle Dimension in höchstem Maße herausgestrichen werde, kritisiert er. Das Schreckbild ist seitdem nicht mehr allein die Vermännlichung des Weibes; es ist die völlige Aufhebung der Geschlechtergrenze. Ratzinger nennt das »Verschleierung der Verschiedenheit«. Auf dieser Verschiedenheit basiert nach lehramtlicher Auffassung die biblische Anthropologie. Würde sich die Gender-Theorie durchsetzen, das ahnt der philosophisch kundige Glaubenswächter, dann wäre die Formel »gleichwertig, aber nicht gleichartig« an ihr Ende gekommen. Ohne Geschlecht keine Komplementarität der Geschlechter.

Das Thema Weihe verhandelt der deutsche Startheologe diskret. Frauen trügen »auf einzigartige Weise dazu bei, das wahre Antlitz der Kirche, der Braut Christi und der Mutter der Gläubigen zu offenbaren«. Dass sie keine Priester werden dürften, hindere sie nicht daran, »in die Herzmitte des christlichen Lebens zu gelangen«, tröstet er. Indirekt bedeutet das: Wer nach oben und an den Altar will, verlässt die Herzmitte und riskiert damit das Leben der Kirche.

Das Schreiben trägt den Titel »Über die Zusammenarbeit von Frauen und Männern in der Kirche«. Die Rede ist aber fast ausschließlich davon, was Frauen können und was sie nicht dürfen sollen. Die Abhandlung über das einzigartige Wesen des Mannes samt kardiologischer Herzmitte-Vermessung steht bis heute aus.

Für das Papier gibt es Lob von überraschender, linksliberaler Seite. Matthias Drobinski zum Beispiel würdigt in der »Süddeutschen Zeitung« das »Männerwerk«. Es sei richtig, sich gegen Ideologien zu wenden, die Frauen zu Männern machen wollten, schrieb er. »Er (Ratzinger) hat auch Recht, wenn er Bestrebungen kritisiert, die Unterschiede zwischen Mann und Frau ausschließlich als Ergebnis einer Unterdrückungsgeschichte zu sehen – wer das glaubt, soll einmal versuchen, Mädchen von Puppen und Buben von Autos fernzuhalten, ohne zum Kinderquäler zu werden.« Drobinski kritisiert allerdings den kulturpessimistischen Ton und das verzerrte Bild der Frauenbewegung, das der Präfekt zeichne.

Ein wenig hat sich im Vatikan zwischen 1988 und 2004 verändert. Joseph Ratzinger verzichtet weitgehend auf Minnesang. Was Journalistinnen eher auffällt als Journalisten: Ohne das dekorativ Wärmende zeichnet sich die Machtverteilung hinter der biblischen Anthropologie besonders deutlich ab. Männer sind die Platzanweiser im Schöpfungsplan. Sie legen fest, wo Frauen hingehören und in welchem Radius sie sich bewegen dürfen.

Entwaffnend ehrlich verteidigt der Theologe Joseph Schumacher in einem Vortrag, der im Netz kursiert, das Recht der Männer, Frauen vor sich selbst zu bewahren. »Im Grund versteht sich die Kirche in der Ablehnung der Frauenordination geradezu als Anwältin der Hochschätzung der weiblichen Eigenart, wie sie in der Schöpfungsordnung grundgelegt und verankert ist. Sie bekennt sich zu dem Recht der Frau, sie selber (Ratzinger), nämlich Frau sein zu dürfen, was ihr in der Gegenwart in vielfältiger Weise streitig gemacht wird …«

Frauen, die weder vor lüsternen Männern noch vor sich selbst beschützt werden müssen, sind nicht vorgesehen. Gibt es sie dennoch, provozieren sie die Kirche zu Beginn des 21. Jahrhunderts. Verwirrt sind allerdings weniger die Gläubigen, wie in den Dokumenten behauptet wird, verwirrt sind die Platzanweiser. Die rufen beständig »Sitz!«, doch die Folgsamen werden weniger.

Die Rebellischen auch. Einen Proteststurm löste das Schreiben von 2004 nicht aus.

Mit manchen Bischöfen kann man trotz der eindeutigen lehramtlichen Aussagen über das Thema sprechen, mit vielen nicht, schon gar nicht ausführlich. Die Frauenfrage rangiert unter den

Und-dann-sind-da-ja-auch-noch-Baustellen, wie Zölibat und Homosexualität. Lästige Dauergäste.

Nur einmal ändert sich diese Priorisierung kurzzeitig. Auf dem Höhepunkt des Missbrauchsskandals 2010 fragen sich Gläubige, ob das viel beschworene Wesen der Frau nicht an entscheidender Stelle gefehlt hat, ob nicht Mütter den Korpsgeist der Kleriker hätten durchbrechen können, ob sie nicht geredet hätten, wo alle schwiegen. Was der Missbrauchsskandal für die Ämtertheologie bedeutet, bleibt undiskutiert, erst recht, als das öffentliche Interesse an dem Thema nachlässt. Würdenträger, die öffentlich auf die Ämterfrage antworten, wirken erleichtert, wenn sie auf Johannes Paul II. verweisen können. Er hat ihnen die Last abgenommen, sich persönlich zu den Argumenten zu verhalten. Wer schnell auf die Entscheidung von 1994 rekurriert, erspart sich die Peinlichkeit, eigene Überlegungen zum weiblichen Wesen und zur fraulichen Eigenart anstellen zu müssen. In Gesprächen mit Bischöfen gewinne ich nicht den Eindruck, dass sie die lehramtlichen Aussagen zutiefst überzeugend finden. Sie reichen die Standard-Abfertigungen leidenschaftslos nach unten durch.

»Ich betrachte das römische Nein zum Priestertum der Frau als bindend«, sagt der Osnabrücker Bischof Franz-Josef Bode 2010 in einem Streitgespräch mit der Theologin Marianne Heimbach-Steins im »Kölner Stadtanzeiger«. Bode ist auch Frauenbeauftragter der Deutschen Bischofskonferenz. Er schiebt den Satz nach: »Ich verweise aber auch auf die Erfahrung der Kirche: Streitfragen, die über lange Zeit nicht zur Ruhe kommen, bekommen eine eigene theologische Qualität.« Wieder hat Frau etwas Eigenes.

Durch mehr Verve im Nein fallen zwei andere Mitglieder des Episkopats auf: Reinhard Marx, Bischof von München und Freising, diskutiert 2009 mit katholischen Jugendlichen. Als ihn der

Arbeitskreis Gleichberechtigung auf dem Podium mit der Frauenweihe konfrontiert, sagt der Theologe Marx: »Nein, das geht nicht. Wir müssen uns an die Weisung Jesu halten.« Christus selbst bemüht er, nicht nur den Stellvertreter.

Sein Amtsbruder aus Essen steht 2011 ebenso fest zum Lehramt. »Ich möchte nichts am Zölibat ändern und am Nein zum Frauenpriestertum, nichts an der Haltung zur Sexualität. Wir müssen aber einen neuen Stil finden, das überzeugend zu sagen«, erklärt Franz-Josef Overbeck in einem Interview mit der »Süddeutschen Zeitung«. Zum Zölibat und zur Sexualmoral hat er sich mittlerweile – das heißt nach Benedikts Rücktritt – anders öffentlich geäußert, zur Frauenweihe nicht oder noch nicht.

Reinhard Marx gehört dem Reformzirkel um Franziskus an. »Nein, das geht nicht«, wäre kein opportuner Satz. Reformeifer ist in der katholischen Kirche weniger eine Frage der inneren Einstellung als eine der äußeren Umstände.

Randbemerkung:
Ist Zaitzkofen überall?

Was frauliche Eigenart und weibliche Wesenhaftigkeit bedeutet, denken die Piusbrüder konsequent zu Ende. Die Bruderschaft St. Pius X. hat keinen kirchenrechtlichen Status mehr seit 1975; ihr Begründer, der frühere Erzbischof Marcel Lefebvre, hatte dem damaligen Papst den Gehorsam verweigert. Er und die von ihm geweihten Bischöfe wurden 1988 exkommuniziert. Als Papst Benedikt XVI. Anfang 2009 die Exkommunikation aufhob, löste dies einen Skandal aus. Einer der »Bischöfe«, Richard Williamson, war ein Auschwitz-Leugner. Benedikt beteuerte zwar, davon nichts gewusst zu haben, die Schlagzeile »Papst rehabilitiert Holocaust-Leugner« blieb. Sogar die Bundeskanzlerin kritisierte den deutschen Stellvertreter Christi auf Erden dafür öffentlich.

An der Piusbruderschaft ist vieles skandalös: das Verhältnis zu den anderen Weltreligionen, besonders zum Judentum, das Festhalten an der monarchischen Kirche des 19. Jahrhunderts, die Aussagen über Homosexuelle, der Traum von einem christlichen Gottesstaat. Das passt weder zum Zweiten Vatikanischen Konzil noch zum Grundgesetz. Da die religionsfreundliche deutsche Verfassung auch verfassungswidrige Einstellungen schützt, solange im Namen der Religion keine Straftaten begangen werden, dürfen die Brüder ihre vorkonziliare Welt in Niederbayern bewahren.

Einmal im Jahr werden in Zaitzkofen Priester geweiht. Tausende Anhänger der Bruderschaft kommen dann zur Freiluft-Messe in den kleinen Ort. So auch im Sommer 2016. Da wieder einmal das

Gerücht aufgebrandet ist, die Piusbruderschaft werde in den Schoß von Mutter Kirche aufgenommen, melde ich mich an. Das erste Juli-Wochenende verbringe ich mit Rekorder, Mikrofon und Notizblock im Herz-Jesu-Seminar. Wie wahrscheinlich ist eine Rückkehr der Piusbrüder in die katholische Kirche? Das ist die Hauptfrage meiner Recherche für ein Feature im Deutschlandfunk.

Nebenbei lässt sich ein Frauenbild besichtigen, das in der offiziellen katholischen Kirche nur noch herumgeistert, unter den Brüdern aber offensiv gepflegt wird. In vielen Ecken des Herz-Jesu-Seminars stehen blumengeschmückte Marienaltäre. Die Gottesmutter ist hier nicht nur Vorbild, schon gar nicht wird sie als Fürsprecherin der kleinen Leute verehrt. Hier thront sie als Heldin in der Ecke, als Wahrerin der kirchlichen Hierarchie. Fein gemacht von Männern in langen schwarzen Soutanen und von Mädchen, die entweder Jungfrau bleiben oder Gattin werden wollen. Es sei das Ziel ihrer Erziehung, sagt die Leiterin eines Mädchengymnasiums der Piusbrüder, dass die Absolventinnen gute Ehefrauen und Mütter seien. Als einzige Frau darf Maria während der Messe auf den Altar.

Ich bekomme vor der Weihe die Gelegenheit, mit ausgewählten Seminaristen zu sprechen. Die meisten anderen sehe ich nur als schwarze Schatten durch die Gänge huschen. Es sind verunsicherte Männer, ist mein Eindruck. Zaitzkofen bietet feste Regeln und eine klare Hierarchie. Im Aufenthaltsraum ermahnt ein Schild dazu, die Schallplatten nach dem Hören wieder richtig in alphabetischer Reihenfolge einzusortieren. Alles hat seine Ordnung, im Großen und im Detail. Hier wird gegen die Verwirrung und Verderbnis der Welt angeglaubt. Im Herz-Jesu-Seminar hat jeder Tag eine feste Struktur. Die jungen Männer, mit denen ich spreche, haben das Gelübde der Jungfräulichkeit abgelegt. So heißt der Zölibat hier. Ein Jahr vor der Priesterweihe versprechen sie Keuschheit und Ehelosigkeit. Interviews sind die Seminaristen nicht gewohnt, sie antworten hörbar aufgeregt. Ein Medienberater hat sie ausgesucht. Den leistet sich die Bruderschaft nach dem Skandal von 2009, um ihr Image aufzubessern.

Gern sprechen die Piusnachwuchskräfte über die Alte Messe, über ihre besondere Spiritualität. Über Frauen sprechen sie widerwillig. Nein, eine Freundin hätten sie nie gehabt, sagen meine beiden Gesprächspartner. Sie äußern sich nicht vordergründig abwertend, aber ein paar Nebenbemerkungen lassen tiefer blicken. Fremd sind ihnen diese Wesen, jungfräulichkeitsgefährdend für Männer wie sie. Es gebe da so einiges an Vorbereitung, um den Gefahren zu entgehen. »Auch ich bleibe schwach«, gesteht ein angehender Priester. Gefragt habe ich nach den Zweifeln der Männer, zur Antwort bekomme ich die Verführung der Frauen.

Als ich mit dem Leiter des Seminars über die Verderbnis der Welt spreche, nennt er als erstes Verderbnis-Indiz die Abtreibung. Ob Krieg nicht auch verwerflich sei?, frage ich. Nicht immer, antwortet er. Krieg ist männlich, Abtreibung weiblich. Der Mann tötet, weil er einen Grund hat, die Frau, weil sie Frau ist. Eva, die Sünderin der ersten Stunde, kommt in päpstlichen Papieren nicht mehr vor, da hat die Schutzbedürftige die Schlange ersetzt. In den Köpfen der Piusbruderschaft sind es die Männer, die Schutz verdienen.

Einer der Seminaristen ist weniger verhuscht. Ein ehemaliger Manager sei das, hat mir der Medienberater der Piusbrüder auf dem Weg nach Zaitzkofen erzählt. Er berät, indem er abrät. Wie ich überhaupt auf die Idee käme, mit den Jungs über die Frauenweihe zu sprechen, will er wissen, das sei so weit weg von deren Leben. Das Thema liegt einen Tag vor einer Weihe recht nah, ich spreche den Seminaristen mit Managererfahrung darauf an. In feierlichem, fast andachtsvollem Ton antwortet er: »Angenommen morgen bei der Priesterweihe kommen auch drei Frauen dazu und stellen sich hier auf. Auch wenn man ihnen Kelch und Hostie gibt, und die Worte dazu spricht, dass sie jetzt die Vollmacht haben, die Messe zu feiern – es geschieht nichts mit ihnen. Weil das Priestertum den Aposteln anvertraut ist.« Danach machte er eine lange Pause, als müsse er den eigenen Satz noch einmal im Lichte der ganzen Kirchengeschichte auf sich wirken lassen.

Ich stelle die Frage nach der Weihe während der Recherchen zu diesem Buch beharrlich, fast überall im katholischen Kontext. Da kommt einiges an lustigen, absurden und unverfrorenen Antworten zusammen. Meistens ist es eine Kombination aus allem. Eine Bekannte schickte mir einen Facebook-Eintrag, den sie erhalten hatte, nachdem sie sich als Befürworterin der Frauenordination geoutet hatte. »Dann kann man ja auch gleich Goldfische zu Priestern weihen«, stand da. Dieser Post steht ganz oben auf meiner absurd-lustig-unverschämt-Liste. Der Piusbruder folgt knapp dahinter.

Der Kirchenrechtler Georg Phillips schrieb Mitte des 19. Jahrhunderts – aus Sicht der Piusbruderschaft eine goldene Zeit – in einem Standardwerk seiner Disziplin: »Auf das männliche Geschlecht kommt es bei der Ordination so sehr an, dass, sobald der Mensch nur diesem angehört und getauft ist, er unter allen Umständen, nur gegen seinen ausdrücklich ausgesprochenen Willen nicht, die Fähigkeit zum Empfangen der Weihe hat, so dass in dieser Beziehung das männliche Kind, der schlafende, ja wahnsinnige Mann dem heiligsten Weibe vorzuziehen ist.«

Das war 1845. Ich verbuche die Erklärung des Piusbruders auf einem Top-Platz in meinem Ranking, allerdings als Randbemerkung. Das Zitat mit der Weihe, bei der nichts geschieht, poste ich bei Facebook, die meisten in meiner liberal-katholischen Blase reagieren belustigt. Nur ein Facebook-Freund, eher konservativ, merkt an, dass die Brüder nicht in allem Unrecht hätten.

Er hat Recht und die Brüder haben das Kirchenrecht in diesem Punkt auf ihrer Seite. »Die heilige Weihe empfängt gültig nur ein getaufter Mann«, verfügt der CIC. Was der Seminarist vom Rand ohne kanonischen Status formuliert hat, trifft den Kern. Die Weihe einer Frau ist verboten und ungültig. Die Weihe der Piuspriester ist verboten und gültig. Die Frau bewegt sich weihe-rechtlich tatsächlich näher am Goldfisch als am Genius.

Das Kirchenrecht ließe sich ändern, die jüngste Fassung stammt aus dem Jahre 1983, die zweitjüngste von 1917. Allerdings machen besonders entschiedene Kritiker des Feminismus nicht nur den Willen Jesu, sondern gleich Gottvater geltend. Das dreigestufte Amt sei »göttlichen Rechts«, schreibt etwa Joseph Schumacher, Mitglied der Päpstlichen Akademie und damit keineswegs außerhalb der Kirche stehend. Er darf sich berufen auf eine Änderung der Canones 1008 und 1009 durch Benedikt XVI. Diese regeln das dreigliedrige Weihesakrament »kraft göttlichen Rechts«.

Rand und Mitte, vor allem aber Rand und Spitze lassen sich nicht immer klar unterscheiden. Was sich absurd anhört, kann durchaus amtlich sein.

Franziskus hat die Piusbrüder im Jahr der Barmherzigkeit nicht aufgenommen; er hat ihnen keinen kirchenrechtlichen Status zurückgegeben. Er hat einerseits verfügt, dass die Beichte bei ihren Priestern gültig ist. Andererseits hat er alle Beichtväter angehalten, Abtreibungen zu vergeben. Er winkt freundlich nach rechts und freundlich nach links. Die Piusbrüder dürfen ihr Frauenbild weiter pflegen, Feministinnen dürfte freuen, dass Abtreibung in der Sündenhierarchie nicht mehr ganz oben rangiert.

Im katholischen Kosmos ist gerade Raum für vieles. Werden zuerst die Piusbrüder wieder aufgenommen oder werden vorher noch die ersten Diakoninnen geweiht? Nach dieser Randbemerkung lohnt sich jedenfalls ein zweiter Blick auf Franziskus. Ja, er redet die Frauen schwindlig, nein, er stellt die Machtfrage nicht. Davon nehme ich nichts zurück. Duldet er, dass die Weltflucht à la Zaitzkofen den Geist seiner Kirche bestimmt? »Es geschieht nichts mit ihnen«, sagt der Piusbruder. Franziskus traue ich noch nicht zu, das Kirchenrecht zu ändern. Aber ich vermute, er wird eine kleine Rückfrage stellen: Geschieht wirklich nichts?

Die Wucht der Wirklichkeit

Frauen sind keine besseren Menschen. Sie sind nicht die seltsamen und seltenen Lebewesen, zu denen sie lehramtliche Dokumente erklären. Sie sind nichts Besonderes oder genauso besonders wie Männer. Priesterinnen garantieren weder vollere Kirchen noch eine empathischere Seelsorge. Es wäre falsch, größere Attraktivität zu versprechen. Es wäre falsch, den Sinn der Frauenordination mit statistischen Projektionen zu beweisen. Es wäre falsch, Lückenbüßerinnen für verwaiste Pfarrstellen herbeizusehnen. Wer den Priestermangel derart als Zeichen der Zeit deutet, verwechselt Auslöser und Argument. Es gibt gute Gründe, den Ausschluss von Frauen zu beenden, ganz unabhängig vom Leerstand in den Seminaren und Pfarrhäusern.

Was der Kirche mehr fehlt als Priester, sind Wirklichkeitsnähe und Wahrhaftigkeit. Warum gehören Frauen zwar zum Alltag, aber nicht an den Altar? Weil angeblich in ihrem Innersten etwas Entscheidendes anders ist. Das müssen Katholikinnen und Katholiken glauben. Die Windungen und Wendungen ums weiblich Wesenhafte müssen sie nicht einsehen; es genügt, wenn sie Päpsten und Präfekten gehorchen. Das wiederum liegt im Wesen von apostolischen Schreiben und Enzykliken. Kein Kirchenoberhaupt sagt:»Meine Vorgänger haben sich geirrt, hiermit setze ich kraft meines Amtes ›Ordinatio Sacerdotalis‹ außer Kraft.« Wenn sich etwas ändert, dann muss es so aussehen, als sei es nie anders gewesen.

Der Glaube, dass Frauen besonders edle Menschen sind, verbindet Päpste wie Johannes Paul II. mit manchen Feministinnen. Auch die neigen zur Heiligsprechung. Der Unterschied ist nur: Der Pontifex begründete mit den erhebenden Äußerungen zum weiblichen Geschlecht den Ausschluss von Ämtern, Feministinnen hingegen schlossen daraus: »Frauen an die Macht!«. Nach Ansicht konservativer Theologen sind Überhöhung und Degradierung zwei Seiten einer Medaille. Manfred Hauke stellt in seiner Doktorarbeit von 1981 fest: »Die Überlegenheiten des Mannes führen, um es pointiert zu sagen, zu seiner Überordnung, die Überlegenheiten der Frau aber zu ihrer Unterordnung.« Auch das muss man nicht verstehen, man muss es glauben.

Die Forderung nach Gleichstellung stand bei der Hierarchie sofort im Verdacht, hier solle das Leid von 2000 Jahren Patriarchat vergolten werden. Die Frauen verlangen nicht etwa Rechte, ihnen werden Rachegelüste unterstellt. Wahre Frauen sind Engel, Feministinnen Rache-Engel.

Die feministische Theologie erlag zeitweise der Versuchung, diese Mischung aus Überhöhung und Unterstellung mit der verbissenen Suche nach Superweibern zu kompensieren. Rotbackige Kleriker sollten erblassen angesichts all der »starken Frauen« der Kirchengeschichte. Für mich klingen Ausstellungs- und Buchtitel mit dieser Wortkombination ungefähr so glaubhaft wie die Zeichentrickserie »Wickie und die starken Männer«.

Für Frauenrechte zu streiten sollte gerade nicht bedeuten, Verklärung mit Verklärung zu bekämpfen. Mehr reformerische Kraft liegt darin, Wirklichkeit wahrzunehmen und anzuerkennen. Das klingt banal. Aber die Wirklichkeit hatte in der katholischen Kirche lange keinen guten Ruf. Sie gilt als minderwertig. Das Wort »Selbstverwirklichung« wird deshalb in Lehrschreiben mit spitzen Fingern angefasst. Der »Mensch an sich« bevölkert die Papiere, konkrete Personen mit ihrem wirklichen Leben stören nur.

Das Zweite Vatikanische Konzil hatte den Arbeitsauftrag, die Fenster zur Welt aufzureißen, Wind hineinzulassen und den Kopf hinauszustrecken. Die Fensterscheiben waren blind geworden. Die Gleichberechtigung der Frau stand nicht ausdrücklich auf der Agenda, immerhin hatte Papst Johannes XXIII. ein gewisses Problembewusstsein erkennen lassen: »Die Frau, die sich ihrer Menschenwürde heutzutage immer mehr bewusst wird, ist weit davon entfernt, sich als seelenlose Sache oder als bloßes Werkzeug einschätzen zu lassen: Sie nimmt vielmehr sowohl im häuslichen Leben wie im Staat alle Rechte und Pflichten in Anspruch, die der Würde der menschlichen Person entsprechen«, heißt es in seiner Enzyklika »Pacem in Terris« von 1963.

Wenige Jahre später war dieser Arbeitsauftrag schon wieder passé. Der Blick nach draußen irritierte zu stark. Erkennbar war schon damals, dass die beiden Leitbilder – Mutter und Jungfrau – durch die gesellschaftlichen Umbrüche der 60er-Jahre besonders geschliffen wurden. Opferbereitschaft – jahrhundertelang als weibliche Tugend gepriesen – stand unter Faschismus-Verdacht. Die katholische Kirche hatte sich im Zweiten Vatikanischen Konzil gerade dazu durchgerungen die eheliche Sexualität zu loben, da wurde in westlichen Gesellschaften die Ehe demontiert. Gattin oder gar nicht – mehr hatten die hochgelobten Konzilsdokumente Katholikinnen nicht zu bieten. Das war damals schon gestrig, daran änderte auch das schöne Wort Aggiornamento nichts.

Die katholische Kirche antwortete auf das, was mit der Chiffre 1968 bezeichnet wird, mit Wirklichkeitsverweigerung. Im Juli des Epochenjahrs erschien die Enzyklika »Humanae Vitae«. Gemeinhin wird sie unter Pillenverbot abgebucht. Über das Nein zur künstlichen Empfängnisverhütung haben sich die meisten Gläubigen schnell hinweggesetzt, was jedoch länger nachwirkte, ist die Begründung für das Nein. Der Mann verliere die »Ehrfurcht vor der Frau«, wenn Sex ständig verfügbar und folgenlos bleibe, behauptete Paul VI. Im Rückblick ist es verwunderlich, dass so wenige Männer gegen dieses Klischee vom allzeit bereiten Lüstling protestierten. Frauen lernten aus diesem Lehrschreiben: Wir werden ohnehin nicht gefragt. Es interessiert in Rom nicht, worin das Befreiende der sexuellen Befreiung stecken könnte. Mit »Humanae Vitae« nahm eine Entwicklung ihren Lauf, die erst in den vergangenen Jahren abgemildert wird: Die katholische Kirche unterscheidet zwischen wahren Frauen, die sich vom Heiligen Vater vor der bösen Welt da draußen bewahren lassen, und wirklichen Frauen, die dem Sittenverfall ungebremst anheimfallen. Die einen sind schutzbedürftig und schutzsuchend, die anderen glauben, sie hätten keinen Schutz und Schirm nötig. Das Wahre wird gegen das Wirkliche in Stellung gebracht.

Kirchenmänner, womöglich mit einer aufgestickten Jungfrau Maria auf der Rückseite des Messgewandes und mit der Tradition im Rücken, fühlten sich nach »Humanae Vitae« erst recht dazu berufen, das »Frausein« oder besser: das Frau-Soll zu definieren. Wer selbst weiblich ist, weiß noch lange nicht, was weiblich sein soll. Das ist nichts Neues, Frauen wurden jahrhundertelang bevormundet. Neu ist, dass autoritäres Verhalten außerhalb der Kirche nicht mehr akzeptiert wird. Während in den Familien der Spruch »Solange du die Füße unter meinen Tisch stellst« leiser wurde, gerierten sich Heilige Väter so, als seien sie Autoritäten, die dem neuerdings akademisch gebildeten Dummchen die Flausen der Selbstverwirklichung austreiben müssten. Verwirklichung ist Vermännlichung, predigen die Päpste in den 1980er, 1990er und

2000er Jahren. Daraus spricht die Angst, vielleicht auch die Erkenntnis, dass das wahre Leben komplizierter sein könnte als die am Schreibtisch erdachte Wahrheit.

Die Frauenbewegung in ihrem Lauf hält weder Papst noch Präfekt auf. Lehramtliche Schreiben versuchen genau das: Sie stemmen sich gegen die Realität. Anstatt Veränderungen aufmerksam wahrzunehmen, diffamieren sie Neues als »Zeitgeist«, als Kellergespenst, das bekämpft werden muss. Die Aufmerksamkeit fürs weibliche Wesen »an sich« versperrt die Sicht auf tatsächliche Abwesenheiten. 1953 gingen laut einer *Spiegel*-Umfrage 64 Prozent der jüngeren Frauen regelmäßig zum Gottesdienst, Mitte der 1980er Jahre waren es noch sieben Prozent. Der Schwund fällt wenig auf, da auch die Männer wegbleiben. Von den wenigen, die heute überhaupt kommen, ist die Mehrheit weiblich.

Eine »Auswanderung von Millionen Frauen aus der Kirche« beklagte der Theologe Hans Küng 2001 in seinem Buch über die Frau im Christentum. Da hatte er längst seine Lehrerlaubnis verloren. Den Exodus registrieren vor allem diejenigen, die ohnehin draußen sind. Das Lehramt interessiert sich für die Realpräsenz Christi, nicht für real an- und abwesende Frauen.

Aus der kirchlichen Binnenperspektive sehen solche Verluste wie Gewinne aus. Benedikt XVI. überzeugte 2005 im Konklave mit einer Absage an die »Diktatur des Relativismus«. Vierzig Jahre nach dem Zweiten Vatikanischen Konzil galt »Aggiornamento«, Verheutigung, als Verbeugung vor dem Mainstream. Die katholische Kirche richtete sich in einer Gegenwelt der reinen Lehre ein, sie glich einer leuchtenden Stadt auf dem Berg, in Europa zwar schlecht besucht, doch unbefleckt vom Schmutz der Welt. In Deutschland schlossen sich junge Katholikinnen und Katholiken zur »Generation Benedikt« zusammen. Sie versprachen dem Heiligen Vater, ihn niemals mit Reformwünschen zu behelligen. Keine Pille, kein Sex vor der Ehe, keine Forderung nach Frauenweihe – die wahren jungen Damen, von denen Päpste träumten, gab es in dieser Generation anscheinend wirklich: Gleichwertig, nicht gleichartig – und vor allem artig.

Dann kam 2013 Franziskus. Er schrieb in »Evangelii Gaudium« über die verbeulte Kirche. Vor allem formulierte er einen umstürzlerischen Satz: »Die Wirklichkeit ist wichtiger als die Idee«. Diese sieben Worte werden seltener zitiert als seine kapitalismus- und karnickelkritischen Sätze. Innerkirchlich lässt eine solche Aussage in der Festung auf dem Berg keinen Stein auf dem anderen. Ein Papst erkennt damit das echte Leben als Quelle der Erkenntnis an. In der Wirklichkeit könnte Wahrheit steckten. 1968 reloaded.

Vor der Familiensynode befragte Franziskus leibhaftige Katholiken, wie sie es mit der Lehre und der Sexualmoral halten. Bis dahin galt bei Diskrepanzen zwischen Lehre und Leben: Pech fürs Leben. Seitdem ist es umgekehrt. Die Befragung der Gläubigen ergab, dass die katholische Sexualmoral entweder unbekannt ist oder offensiv ignoriert wird. Franziskus setzte danach jene unter Druck, die angesichts dieser Ergebnisse alles unverändert lassen wollten. Er ordnete eine Debatte an. Während das De-facto-Diskussionsverbot über die Frauenweihe von 1994 im Episkopat keine größeren Irritationen auslöste, provozierte der Diskussionsbefehl von 2013 Gegenwehr. Viele Bischöfe dimmten schon vor dem Treffen die Erwartungen auf Null herunter, ganz so als laute das christliche Motto: Glaube – Warnung – Liebe.

Dann änderte der Papst die Lehre mit dem Schreiben »Amoris Laetitia« tatsächlich. Eine zweite Ehe ist nun kein Zustand objektiver Sünde mehr, der kategorisch vom Empfang der Sakramente ausschließt. Auf leisen Sohlen, per Fußnote, erlaubt Franziskus die

Einzelfallentscheidung und das heißt, die Tür für Wiederverheiratete ist einen Spalt weit geöffnet. Zwanzig Jahre zuvor waren deutsche Bischöfe mit einem ähnlichen Vorstoß an Johannes Paul II. und seinem Präfekten der Glaubenskongregation Joseph Ratzinger gescheitert. Ob das Oberhaupt mit seiner lebensnahen Strategie erfolgreicher sein wird, ist noch nicht ausgemacht. Die Denkmalschutzbehörden, die die Kirche auf dem Berg nach Art der Vorgänger bewachen, sind einflussreich.

Was heißt das für die Frauenweihe? Ein bisschen was geht vielleicht doch, auch wenn Franziskus Frauen schwindlig redet. Auch wenn er das Band zwischen verbaler Aufwertung und realer Abwehr von Ansprüchen nicht durchtrennt. Auch wenn er einen nunmehr heiligen Heiliger Vater mit dem Satz zitiert hat: »Die Tür ist zu«. Zugleich preist er in einem Interview mit der Wochenzeitung »Die Zeit« den Wert der Freiheit und der Angstfreiheit. Ohne Angst, sagt er, stehen Türen offen.

Um im viel strapazierten Bild zu bleiben: Offen steht die Tür zum Klerikerstand für Frauen nicht, aber der Schlüssel ist wenigstens nicht mehr zweimal herumgedreht. Es könnte, da die Pforte nicht mehr doppelt gesichert ist, möglich werden, die Klinke herunterzudrücken und mit real existierenden Frauen wenigstens zu sprechen. Franziskus scheint damit Erfahrung zu haben, er erzählt lieber von lebenden Frauen als von toten Kirchenlehrerinnen. Wenn die Wirklichkeit wichtiger als die Idee ist, heißt das auch: Kein Kirchenmann darf sich das Weib in der hermetischen Schreibstube zurechtdenken.

2016 änderte Franziskus das Ritual der Fußwaschung in der Gründonnerstagsliturgie. »Alle Mitglieder des Gottesvolkes« dürfen dafür ausgesucht werden. Das hat handfeste Folgen. Priester liegen nun Frauen und Nicht-Christen zu Füßen. Dass eines Tages

Priesterinnen die Rolle von Jesus übernehmen, ist damit nicht gesagt. Das Zeichen deutet darauf hin, dass Franziskus das Abendmahl nicht als Männerdomäne verstanden wissen will. Mehr noch: Er akzeptiert klerikale Ängste nicht. Schaut euch den Einzelnen an, auch wenn dieser Einzelne weiblich ist, heißt das.

Er verordnet seinem Klerus eine Konfrontationstherapie. Gegen die Angst vor Frauen hilft der Kontakt zu ihnen. Man könnte auch sagen: Er verordnet ihnen Volks- und Alltagsnähe. Das pralle Leben, nicht bloß »Humanae Vitae«.

In »Amoris Laetitia« schlägt sich die Lebensnähe sprachlich nieder. Kein einziges Mal ist vom »weiblichen Wesen« die Rede, der Papst schreibt schlicht von Frauen, von Ehefrauen und Müttern hauptsächlich. Die dürfen sogar berufstätig sein und sogar feministisch. Männer erziehen Kinder und erledigen die Hausarbeit. »Du und deine Frau« ist eines der ersten Kapitel überschrieben, ein Ton wie im Ikea-Katalog. Es erzählt davon, wie Mann und Frau ein Paar werden und sich »Aug in Aug« begegnen. Hingabe und Haushalt erscheinen nicht mehr als Tugenden, die ausschließlich den weiblichen Teil der Christenheit umtreiben sollten.

Die Adressaten dieser Passage sind Ehemänner – und wohl auch Kirchenmänner. Im Paarberaterduktus rät Franziskus, der Frau einen intensiveren Blick zuzuwerfen. Viele Probleme entstünden dadurch, dass man sich nicht mehr anschaue. Das klingt nach Küchenpsychologie, aber warum nicht?

Im kirchlichen Küchenkabinett der Vorgänger wurden leibhaftige Frauen keines Blickes gewürdigt. Paul VI., Johannes Paul II. und Benedikt XVI. meditierten entweder über das Weibliche an sich, über Maria oder über ausgedachte feministische Hochgefährderinnen anstatt sich von Menschen ihre Lebensgeschichte erzählen zu lassen. Die Alleinerziehende von nebenan, die Studentin mit wechselnden Partnern oder die kreuzunglückliche Gattin aus gut katholischer Familie hielten sie auf Sicherheitsabstand.

»Amoris Laetitia« überrascht dadurch, dass über weite Strecken die Realität beschrieben wird. Waren in früheren Dokumenten Sittenverfall, Sexualisierung und Selbstverwirklichungsflausen schuld daran, dass Familien zerbrechen, nennt »Amoris Laetitia« mit soziologischer Genauigkeit viele verschiedene Gründe: Armut, Migration, Stress und Bindungsangst. Das Lehrschreiben zeugt von einem Lernprozess, gerade weil es keine einfachen Lösungen parat hat. Alles hängt offenbar mit allem zusammen. Der vermessene Anspruch – wenn ihr euch nur an unsere päpstlichen Vorgaben haltet, dann wird alles gut – scheint nicht mehr auf. Der Du-Dummchen-Ton ist weg, jedenfalls gegenüber Frauen. Den bekommen nun die Männer ab.

Kollegen, die mit der Kirche wenig zu tun haben, fragen mich nach Papieren und päpstlichen Interviews dieser Art: Ändert sich endlich was? Erlaubt der Papst die Pille? Dürfen Schwule heiraten? Bekommen zum zweiten Mal Verheiratete die Kommunion? Wenn ich dann antworte: »Die größte Änderung besteht darin, dass ein Papst sich endlich von der Allmachtsfantasie seiner Vorgänger verabschiedet und sich gar nicht erst anmaßt, die Wirklichkeit aus seiner Kirche herauszuhalten«, dann bekomme ich ratlose Blicke. Das soll alles sein? Wahrnehmen, was tatsächlich ist? Bist du wirklich so bescheiden geworden?

Franziskus enttäuscht zwei Lager: Die liberalen Frager, die glaubten, Türen würden weit aufgerissen und es könnten tatsächlich alle hindurch gehen. Und diejenigen, die hofften, der Argentinier würde sich doch noch als Benedikt XVII. oder Johannes Paul III. entlarven und die Schlösser verstärken.

Ja, wahrscheinlich bin ich bescheiden geworden, schon allein deshalb, weil ich die Kirche einfach nicht als Gegenüber, als Gesprächspartnerin, als hörenswerte Stimme abschreiben will. Theresia Heimerl beschreibt in ihrem Buch »Andere Wesen«, wie sie selbst angesichts der teils süßlichen, teils bitteren offiziellen Papiere die Geduld verlor und für die obersten Kirchenmänner nur noch Süffisanz übrig hatte. Bis mit Franziskus ein Hauch von Wirklichkeit Einzug hält in die vatikanischen Gemäuer. Im Vorbereitungsdokument zur Familiensynode seien »Frauen selbstverständlicher Teil der komplexen, pastoralen Realität und werden dort genannt, wie sie tatsächlich zu nennen sind, nämlich als alleinerziehende Mütter, Witwen, Geschiedene, Verletzte, alte Frauen, als durch sexuelle Ausbeutung und ungerechte patriarchale Strukturen gefährdete Menschen und in ihrer Gleichheit mit Männern.« Eine solche Sichtweise, schreibt sie an anderer Stelle, könnten Menschen innerhalb und außerhalb der Kirche »endlich ernst« nehmen.

Nur wer die Vorgeschichte kennt, den Rollback der vergangenen 30 Jahre, kann ermessen, welch ein Kraftakt die Millimeterbewegung »Amoris Laetitia« gewesen sein muss. Die Lehre ändert sich in der katholischen Kirche weniger durch das, was ausdrücklich neu formuliert wird, als durch das, was nicht mehr ausdrücklich drinsteht. Insofern ist der Verzicht auf die Spekulationen über den Genius der Frau, über weibliche Gaben und Aufgaben ein Fortschritt, wenn auch einer, der sich vor allem Insidern und Insiderinnen erschließt.

Dass Frauen nicht mehr per se »andersartig« und Geschiedene, Schwule, unverheiratete Paare nicht mehr per se »irregulär« sein sollen, verpflichtet zum Hinschauen, zum Selbstdenken.

Die Wirklichkeit ist wichtiger als die Idee und sie macht mehr Arbeit.

Wie viel Franziskus tatsächlich reformiert, erkennen vor allem seine Gegner. Konservative Kardinäle wie Raymond Burke und Joachim Meisner diffamieren Gewissensfreiheit als Verwirrung. Möglich wurde der Einbruch der Wirklichkeit, weil der Papst diesen Perspektivwechsel wollte. Er betraute Kardinäle wie Christoph Schönborn und Walter Kasper damit, die Argumente in seinem Sinne zu wägen und das gelebte Leben als Offenbarungsquelle heranzuziehen.

In Frauenänderungsangelegenheiten treten weder der Bischof von Rom noch die ihm gewogenen Amtsbrüder derart entschieden auf. Es gibt anscheinend Wichtigeres.

Der Theologe und Religionswissenschaftler Hubertus Mynarek wirft im »Humanistischen Pressedienst« Franziskus vor, hinter seiner inszenierten Güte stecke eine »erstaunliche Eiseskälte gegenüber Frauen«. Das sehe ich anders. Hinter Franziskus leidenschaftlichem Lobpreis der Frau steckt, wie im Kapitel über Erdbeeren auf der Torte gezeigt (siehe Seite 30), viel heiße Luft. Die vollmundigen Ankündigungen einer »Theologie der Frau« verändern weniger, als die Gedanken, die leise daherkommen, mit Fußnoten und Fußwaschung.

Wenn sich die Wirklichkeit nicht mehr aus der Kirche heraushalten lässt, lassen sich Denk- und Diskussionsverbote nicht mehr halten. Mag Franziskus auch noch so oft die Entscheidung von 1994 zitieren, sie wird nicht flächendeckend akzeptiert, auch nicht von Männern.

Im November 2015 war ich zu einer Veranstaltung eines katholischen Frauenverbandes eingeladen. Es war der Tag nach den Anschlägen in Paris. Während der Autofahrt verfolgte ich stundenlang im Radio die Korrespondentenberichte aus der französischen Hauptstadt, hörte weinende Angehörige der Opfer, fassungslose Politiker. Ampelpausen nutzte ich, um Alfred Grosser zu mailen, bei dem ich in Paris studiert hatte. Er schrieb schnell zurück: Die Vernünftigen hätten jetzt einen schweren Gang vor sich, weissagte er. Tote, Terror und Terrorerklärer. Es gab an jenem Tag offenkundig Wichtigeres als Frauen, Macht und Kirche. Kurz spielte ich mit dem Gedanken, bei nächster Gelegenheit zu wenden und den Termin abzusagen. Dann fuhr ich doch nach Paderborn.

Im Saal saßen mehrere hundert Gäste, fest entschlossen, sich das Jubiläum nicht verderben zu lassen. Eine Kabarettistin trat auf, dann wurde ich auf die Bühne gebeten und sollte erklären, wie das so ist mit der Kirche und den Frauen. Ich sagte, mir seien die katholischen Frauenverbände viel zu zahm. Sie seien mit Wertschätzung zufrieden, wo es um Amt und Einfluss gehen sollte. Verschämt werde ein Tag der Diakonin begangen, vorausgesetzt, der Bischof guckt nicht böse. Warum lassen sich Frauen das bieten?, fragte ich. Warum so bescheiden? Warum immer dieser Blick von schräg unten auf die Kleriker da oben?

Meine Mutter spielt Volkstheater in der katholischen Frauengemeinschaft Niederkassel-Mondorf. Ich würde sie als emanzipiert bezeichnen. Trotzdem schaut sie bei jeder Pointe, ob auch der Herr Pastor an Tisch 1 lacht. Das muss eine katholische Konditionierung sein.

An jenem nasskalten Novembersamstag wurde es erst einmal still im Saal, versprengter Applaus kam auf. Einige im Publikum blickten betrübt, weil es mit der Gemütlichkeit vorbei war. Andere schauten enttäuscht, weil ich ihre Arbeitspapiere zur Frau in der Kirche mit keinem Satz gewürdigt hatte. Wieder andere meinten, das Wort Macht sei nicht angebracht, alle sollten dienen, Frauen wie Männer. Am Schluss stand ein Herr auf, griff zum Mikrofon und stellte sich als Präses einer kfd-Gruppe vor. Ich rechnete damit, dass der Priester entweder frei nach Johannes Paul II. »Basta!«

donnern oder kirchenvolkspädagogisch ambitioniert Jesu' Auswahlverhalten erklären würde.

Er verzichtete auf beides und sagte: »Ich sehe keinen stichhaltigen Grund, warum Frauen nicht geweiht werden sollten.« Tosender Applaus.

Wie viele Priester so denken wie er, hat noch keine Vatikan-Umfrage ermittelt. Zumindest ist es möglich geworden, einen solchen Satz öffentlich auszusprechen. Sogar in Rom darf angedeutet werden, dass ein »endgültiges« Papstwort nicht ewig gelten muss. Im Frühjahr 2016 unterzog Franziskus sich und seine leitenden Mitarbeiter einer Fastenmeditation. Der Leiter der Exerzitien, der italienische Priester Ermes Ronchi, schaute in die Kleriker-Runde und sagte, wenn Jesus ihn fragen würde: »Siehst du diese Frau?«, dann müsse er antworten: »Nein, Herr, hier sehe ich nur Männer«. Kardinal Gerhard Ludwig Müller saß, zumindest wenn das Fasten-Foto echt ist, in Sichtweite. Ronchi kritisierte in seiner Ansprache eine »Leere, die nicht der Wirklichkeit der Menschheit und der Kirche entspricht«. Da ist sie wieder, die Realität.

Diese Worte aus der Fastenzeit wurden oft zitiert, sie blieben folgenlos. Sie zeugen davon, dass auch in der Frauenfrage zwei weitere Kategorien neben Tradition, Christologie und apostolische Sukzession zulässig sind: Wirklichkeit und Gerechtigkeit.

Dass sich einer öffentlich traut, das zu sagen, was er denkt, ist ein Fortschritt. Franziskus hat, auch wenn er sich selbst in der Sache kaum bewegt, für andere einen kleinen Freiraum eröffnet. Ein vermintes Terrain wird wieder gefahrlos zugänglich.

Randbemerkung:
Die Wucht der Weltkirche

Einer wirklich freien Diskussion würden die Argumente gegen die Weihe nicht standhalten. Die Kirchengeschichte zeigt jedoch beachtlichen Erfindungsreichtum, wenn Begründungen bröckeln. Als das eine Argument – etwa: Frauen sind misslungene Männer – wegbrach, weil wirklichkeitsnahe Wissenschaften nicht völlig ignoriert werden konnten, wurden zwei neue nachgeschoben. Für den Fall, dass weder Tradition noch Anthropologie der Wucht der Wirklichkeit gewachsen sind, ist derzeit schon vorgesorgt. Dann lässt sich die nächste Stufe der Abwehrrakete zünden: die Weltkirche. Gern kombiniert mit der Gefahr des Schismas.

Wer auf Wikipedia die Liste der Kirchen durchsieht, die eine Frauenordination erlauben, findet dort vor allem europäische und nordamerikanische Länder und Provinzen. Allerdings nicht nur: Die Anglikanische Kirche von Burundi und Westafrika hat sich dafür entschieden; Diakoninnen sind in der anglikanischen Kirche des Kongo möglich. Ihre Mitgliederzahlen fallen weltweit kaum ins Gewicht. Die Mehrheitsverhältnisse sprechen eine noch deutlichere Sprache als die geografischen. Jene Kirchen, die eine Frauenordination anerkennen, vertreten rund 15 Prozent registrierten Christen weltweit, 85 Prozent lehnen Pfarrerinnen und Diakoninnen ab oder kommen gar nicht erst in die Verlegenheit darüber entscheiden zu können. Geschlechtergerechtigkeit erscheint als das Minderheitenanliegen der Wohlhabenden.

Regelungen für die katholische Kirche müssen weltweit gelten.

Allerdings könne es möglich sein, kulturelle Differenzen zu berücksichtigen, sagte Franziskus am Ende der Familiensynode im Oktober 2015. Eine Kirche der unterschiedlichen Reformgeschwindigkeiten also. Der Papst meinte die Ehe und die Sexualmoral.

Könnte das auch für die Frauen gelten? Sind sie Kultur oder Natur? Sind ihre Rechte und Möglichkeiten innerhalb der Kirche abhängig von der jeweiligen Gesellschaft oder gelten sie grundsätzlich? Franziskus' Vorgänger haben mit anthropologischen Konstanten argumentiert. »Zur Frau wird man nicht geboren, zur Frau wird man gemacht«, schrieb Simone de Beauvoir in »Das andere Geschlecht«. In der katholischen Kirche wird man zur Frau gemacht – von Gott und seinen Stellvertretern auf Erden. Ihre Aufgaben werden vom Naturrecht hergeleitet, wer daran etwas ändern will, steht im Verdacht, die gottgegebene Ordnung verändern zu wollen.

Gesellschaftspolitischen Entwicklungen konnte sich die Kirche dennoch nicht immer verschließen. Wenn sie die Wirklichkeit dosiert aufnimmt, darf es keinesfalls wie eine Anpassung an die Welt da draußen aussehen. Veränderungen müssen von innen heraus – aus der Bibel, aus der Kirchengeschichte – begründet werden. So schaffte es die Institution irgendwann doch, Menschenrechte und Demokratie zu würdigen.

Wenn das Bestehende verteidigt wird, kommen allerdings nicht nur innere Begründungen zum Tragen. Die Gegner der Frauenweihe beziehen, wenn es ihnen zupasskommt, die gesellschaftlichen und weltkirchenpolitischen Gegebenheiten ein. Die Ordination wird nicht allein deshalb abgelehnt, weil die Argumente des Lehramtes angeblich »wahr« sind, sondern auch weil sich Geschlechtergerechtigkeit beim Zugang zu Ämtern weltweit nicht konfliktfrei durchsetzen lässt. Die Kirche passt sich damit Regimen an, die Frauen unterdrücken. Mehr noch: Gleichstellung wird als Luxusthema der Industriestaaten diffamiert, gern verbunden mit dem Hinweis, dass es in Europa viele Reformappelle, aber wenig Berufungen gibt. Als 2011 katholische Theologen aus dem deutschsprachigen Raum Reformen forderten, brachte die bis zur Ära Benedikt romtreue Zeitung »Die Tagespost« die Weltkirche klassisch gegen den europäischen Hochschulkatholizismus in Stellung: »In dem von mehr als 200 Professoren unterzeichneten Memorandum wird zu Reformen aufgerufen, die in wesentlichen Punkten, zum Beispiel Zölibat und Frauenweihe, eine Abkehr von der Praxis der Weltkirche bedeuten. Die neuen Zahlen belegen indes ein anhaltendes Wachstum der Weltkirche.«

Gemeinhin pflegt dieses Milieu zu behaupten: Wahrheit ist nicht Mehrheit. Ob die Mehrheit der Kirchen weltweit Frauen nicht weiht, ob die anderen Länder mehr Priester rekrutieren, dürfte eigentlich nicht zählen. Es zählt immer mehr.

Konsequent weiter gedacht bedeutet der Hinweis auf die weltkirchliche, keineswegs nur katholische Praxis: Gerade weil Frauen außerhalb von Europa und Nordamerika als minderwertig gelten, sind den Männern dort erst recht keine Priesterinnen zuzumuten. Gleichberechtigte Frauen und Männer – das wäre die berühmte Zerreißprobe.

Die katholische Kirche setzt sich dafür ein, dass Mädchen nicht misshandelt werden, dass sie Schulen besuchen und andere Perspektiven als die der jungen Vielgebärerin bekommen, schon das ist in vielen Ländern eine Provokation. Mehr ist unzumutbar. Nicht Priesterin werden zu dürfen, so heißt es dann, sei keine Diskriminierung und kein Verstoß gegen fundamentale Menschenrechte. Schließlich könne auch nicht jeder Mann Priester werden.

Während »Rom« unter Franziskus in der Frauenfrage wenigstens kein Beton mehr anmischt, wächst der Widerstand in anderen Teilen der Weltkirche. Was in Europa als sexuelle Befreiung gilt, sieht aus afrikanischer Perspektive wie Neo-Kolonialismus aus. Zu viel weibliche Emanzipation steht bei erzkonservativen Kardinälen und Bischöfen, die sich in Rom als Wortführer Afrikas gerieren, unter Ideologieverdacht.

Vor einigen Jahren führten meine Kollegin Astrid Prange und ich ein Interview mit dem Vorsitzenden der nigerianischen Bischofskonferenz, Ignatius Kaigama. Er begrüßte uns gut gelaunt zum Interview in einem Bonner Hotel. Es war nicht schwierig, sich mit ihm zu verabreden. Er beantwortet Mails selbst und hebt das Telefon eigenhändig ab. Er lacht viel. Besonders laut lachte er bei unserer Frage nach den üblichen Reformthemen. Der Katholizismus in Nigeria sei sehr orthodox, erzählte er, niemand verlange dort von ihm, die Kirche möge sich von der Tradition entfernen. Er hat keinen großen Stab an Mitarbeitern, doch in den Gemeinden ist er als Priester der King. »Wir sind eine Kirche im Aufbau, im Frühling… In Europa, wo das Christentum schon seit Jahrtausenden existiert, befindet ihr euch eher im Herbst.«. Wir, die Kollegin und ich, schauten einander kurz an. Er ließ uns alt aussehen. »Wenn Reformen notwendig sind, sollten sie gemeinsam vorgenommen werden und nicht jeder nach seinem Gutdünken handeln. Ich nenne diese Eile die ›Knopfdruckmentalität‹: Man dreht den Hahn auf, und es kommt Wasser heraus, man schaltet das Radio ein, und es spielt. Viele Leute wollen, dass die Kirche so operiert, dass Rom auf Knopfdruck sofort reagiert. Aber das funktioniert nicht«, belehrte er uns. Es war klar, dass er den Druck auf verschiedene Reformknöpfe für eine europäische Mentalität hält.

Was Kaigama 2012 im Interview witzelnd ansprach, formulierte Kurienkardinal Robert Sarah, aus Guinea stammend, schneidend scharf. Auf der Familiensynode 2015 nannte er Gender-Theorien »Götzendienst westlicher Freiheit«; die Gleichstellung von Homosexuellen erinnerte ihn an »Nazi-Ideologie«. Dafür bekam er keinen Applaus von der Mehrheit der Synodenväter, auch keinen ungeteilten Beifall aus Afrika. Zu lautstarkem Widerspruch wollte sich allerdings auch keiner der Amtsbrüder aufraffen. Die katholische Kirche in Afrika gilt als jung und aufstrebend, »gewisse abendländische Kirchen«, so Sarah, versuchten den Mitglieder- und Glaubensschwund mit Reformen aufzuhalten. Der Kurienmann und seine Unterstützer wittern nicht nur Häresien, sie deuten Liberalisierungstendenzen als europäische Überlegenheitsfantasien. »Was sagen wir über Schwule und Frauen?«, ist deshalb eine ebenso dogmatisch wie diplomatisch heikle Frage.

Schwule dürfen offiziell nicht geweiht werden, Frauen weder offiziell noch inoffiziell – dieser Ausschluss hält die Weltkirche zusammen, weitaus stärker als das Verbot von Sex vor der Ehe oder die Liturgie. Exklusion ist ein Wesensmerkmal, bei Inklusion der Problemgruppen droht die Implosion.

Der Basler Bischof Gmür sagte im März 2013 in einem Interview mit der Zeitung »Schweiz am Sonntag«: »Ich persönlich kann mir eine Frau am Altar vorstellen, sehe aber Schwierigkeiten in der Umsetzung.« Ein solcher Prozess berge die Gefahr einer Spaltung, fürchtet der Geistliche. Der weltkirchlich erfahrene Amazonasbischof Erwin Kräutler plädiert schon lange dafür, dass Laien – und damit auch Frauen und verheiratete Männer – Eucharistiefeiern leiten. Kräutler war Bischof der größten Diözese Brasiliens. Die Frage der Weihe von Frauen sei »etwas schwieriger« als die Entkoppelung von Eucharistiefeier und Zölibat, sagte er im Frühjahr 2016 gegenüber der Salzburger Kirchenzeitung. Der Altbischof wünschte sich mehr »Unerschrockenheit, Kühnheit, Furchtlosigkeit und gleichzeitig Vertrauen und Leidenschaft« von Laien, Priestern, Bischöfen und Ordensleuten.

Kein katholischer Spitzenmann traut sich bisher diesen Kraftakt zu. Im gönnerhaften »Ich-kann-mir-vorstellen« schwingt ein Appell ans schlechte weibliche Gewissen mit: Schwestern im Herrn, denkt nicht nur an euch selbst, denkt an die Weltkirche! In Afrika werden nicht einmal Kommunionhelferinnen akzeptiert! Wollt ihr daran schuld sein, wenn der Laden auseinanderfliegt? Franziskus schätzt Mütter, Töchter, Omas, Tanten, weil sie alles zusammenhalten, die Familie, die Firma und die Kirche. Mit seiner Entscheidung über die Ehe hat er es gewagt, zu polarisieren. Die angedrohte Spaltung ist noch nicht eingetreten. Dass ihm Frauen eine Kontroverse wert sind oder ob die Sehnsucht nach weltkirchlich-weiblicher Harmonie siegt, hat er noch nicht bewiesen.

Bisher war in dieser Frage die Wirkung wichtiger, als die Wirklichkeit.

Die große Unbekannte,
die kleine Quenglerin

Kirchenmänner haben sich erst verächtlich, dann herablassend und schließlich schwärmerisch über weibliche Wesen geäußert. Frauen waren zuerst zu dumm, dann zu schwach und schließlich zu fein für das Priesteramt. Jetzt sind sie zu gefährlich für die Weltkirche. Am Ergebnis hat dieser Wandel nichts geändert. Das Nein bleibt. Der Weihe sind feminine Kreaturen nicht würdig.

Während konservative Kardinäle den Ausschluss vom Amt stolz als katholische Artenschutzmaßnahme verkaufen, zeigt der liberale Flügel großmütige Neugier bei weitgehender Verhaltensstarre. Die angeblich gleichwertigen, aber nicht gleichartigen Wesen werden in den Papieren der Familiensynode nun Frauen genannt. Das ist ein Fortschritt. Fremde bleiben sie trotzdem.

Sie werden auch im liberalen Lager behandelt wie ein gerade entdeckter, seltener Volksstamm, der erst einmal gründlicher erforscht werden muss, damit kein Unheil geschieht. Die Vorbereitung der Diakoninnenkommission lässt sich freundlich als katholische Schrulle beschreiben, unfreundlich als schlecht getarntes Misstrauen Nicht-Männern gegenüber. Möglich kann allenfalls werden, was schon einmal möglich war. Nicht auszudenken, wenn man ausgerechnet Frauen etwas völlig Neues anvertrauen würde! Welchen Blödsinn könnten sie damit anstellen! Alice Schwarzer sagte einmal sinngemäß, Emanzipation sei erst dann erreicht, wenn es eine mittelmäßige Frau so weit bringen könne wie ein mittelmäßiger Mann. Gleichberechtigung ist in der Kirche erst dann erreicht, wenn eine Frau ein Bistum Limburg-reif regiert hat und ihr die Amtsschwestern die Treue halten bis zum Schluss.

Pardon, diese Anspielung auf die teure Selbstverwirklichung eines Bischofs tendiert zu billiger Polemik. Unter »nicht hilfreich« wird so etwas im Kirchenjargon einsortiert. Hilfreich ist es dagegen, die Sorgen und Nöte von verantwortlich tätigen Männern ernst zu nehmen. Artige Autorinnen freuen sich darüber, dass der päpstliche Kulturrat eine Frauengruppe eingerichtet hat. Artige Kommentatorinnen geraten aus dem Häuschen, wenn die Vatikanischen Museen eine Direktorin bekommen. Artige katholische Journalistinnen loben den Papst dafür, dass er in allerlei Kommissionen prüfen lässt, was es mit den Frauen so auf sich hat und welche besonderen Ämter und Theologien für sie in Frage kommen könnten.

Für mich ist bei alledem Loriots Jodelschule schon wieder in Hörweite. SIE darf das Haus verlassen, der Haushaltsvorstand erkennt großzügig an, dass ihr Talent über den Horizont des Bügelbretts hinausreicht. Anstatt gleichberechtigt wird sie anders berechtigt. Sie bekommt etwas Eigenes. Ein Diakonat kann für einen Mann die Vorstufe der Priesterweihe sein. Diese Gleichberechtigung ist von vornherein ausgeschlossen, anthropologisch und ekklesiologisch. Das wäre entweder eine Vermännlichung der Kandidatin oder eine Verweiblichung des Amtes. Diverse Arbeitsgruppen haben zwar schon zutage gefördert, dass in der früheren Kirche Diakoninnen und Diakonissen wirkten, nicht einmal der Präfekt der Glaubenskongregation Gerhard Ludwig Müller bestreitet dies. Er lässt jedoch bei jeder sich bietenden Gelegenheit durchblicken, dass diese nicht gerade dasselbe durften wie Männer.

Ein ständiges Diakonat – also ein eigen-ständiges, das nicht zur

Priesterweihe führt – gibt es für Männer seit dem Zweiten Vatikanischen Konzil. Die Zahl der ständigen Diakone wächst. Sie dürfen taufen, trauen, beerdigen, predigen, sie müssen nicht zölibatär leben. Auch Verheiratete können geweiht werden. Nur wer zum Zeitpunkt der Weihe Single ist, muss ehelos bleiben. Mein Mann, Kirchenmusiker, empfindet es als Gewinn, einen Diakon mit drei Kindern und einer berufstätigen Ehefrau zum Kollegen zu haben. »Endlich mal einer, der weiß wie es ist, wenn man vor dem Dienst ein Kind zur Kita bringen muss und was alles organisiert werden muss, wenn einer krank wird«, sagt er. Lebensnähe kann ein geistliches Argument sein.

Eine Frau, womöglich eine Mutter und damit Nicht-Jungfrau, die tauft, traut und das Evangelium auslegt – ist das vorstellbar? Der Bonner Theologe Karl-Heinz Menke gehört der Kommission an, die den Diakonat der Frau prüfen soll. In einem Interview mit der Tageszeitung »Die Welt« zählte er auf, was eventuellen Diakonissen aus historischen Gründen auch in Zukunft versagt bleibt: »Eine Diakonisse hatte nirgendwo und niemals Anteil am durch die Ordination übertragenen Amt. Durchgehend bezeugt ist ihr ausdrücklicher Ausschluss von jeglichem liturgischem Altardienst, von der öffentlichen Ausübung des Verkündigungsdienstes und von der feierlichen Taufspendung.« Karitative Aufgaben sind ihr dagegen erlaubt, Dienst am Menschen liegt ihr laut Lehramt ohnehin im Blut. »Frauen, die als Diakonissen bezeichnet, aber den Diakonen nicht gleichgestellt wären, würden sich wohl eher diskriminiert als aufgewertet fühlen«, ahnt Menke.

Da hat er Recht. Aus der »Gleichwertig, aber nicht gleichartig«-Klemme kommt die Kommission nicht heraus. Frauen dürfen sich nicht zu den gleichen Diensten berufen fühlen wie Männer. Zugleich suggeriert die Antwort des Theologen, dass mal wieder mit dem weiblichen Gefühl etwas nicht stimmt. Wahrscheinlich sind Frauen einfach zu empfindlich.

Die Kommission muss ein Wunder vollbringen: Sie soll das Diskriminierungsempfinden mindern, ohne die Diskriminierungsursache zu beseitigen.

Wundersame Vorschläge, wie Wasser als Wein verkauft werden könnte, gibt es reichlich: Eine frauenspezifische Weihe scheint möglich, ein geschlechtsspezifisches Diakonat ohne Weihe ist auf dem Markt der Vorschläge, auch eine Segnung wie bei der Amtseinführung eines Bischofs steht im Verdacht, allen Beteiligten ein wohliges Gefühl zu vermitteln. Der Journalist Björn Odendahl schwärmte auf dem Portal »katholisch.de« davon: »Gerade weil sie (die Benediktion) einer Bischofsweihe so ähnelt, entwickelt sie aber eine enorme Strahlkraft und Feierlichkeit.«

Das wäre ungefähr so, als hätte man Angela Merkel so prunkvoll wie Kaiserin Sissi ins Amt eingeführt, um sie dann mit der Vorhangpflege im Kanzleramt zu betrauen. Viel Dekoration, wenig Einfluss.

Solche Ideen werden meistens von Männern mit gutsherrngleichem Gestus vorgetragen. Der Frauendiakonat gehört in die Quengelzone der Kirchenpolitik, die Forderung danach ist lästig, deshalb sollen die Weiber endlich still und dankbar sein, wenn sie irgendeinen Titel spendiert bekommen.

Realexistierende Frauen fragen sich: Warum diese Umstände? Warum schon wieder etwas Besonderes: eine besondere Theologie, besondere Ämter, besondere Charismen? Mag ja sein, dass sich durchschnittliche Frauen von durchschnittlichen Männern unterscheiden, womöglich ist der Unterschied zwischen Franziskus und seinem Geschlechts- und Namensgenossen Franz-Peter Tebartz-van Elst jedoch größer als der zwischen Johannes Paul II. und Mutter Teresa. Warum diese Fixierung aufs Geschlecht?

Das Weibliche wird überschätzt, um es weiterhin unterdrücken zu können. Eine Theologie der Frau reserviert einen theologischen Frauenparkplatz, den nur frauenaffine Sondermodelle wie die Gemeindediakonin und Diakonisse nutzen dürfen.

Dabei sind feministische Lesarten der Bibel und der Kirchengeschichte lange bekannt. Die Frauenfiguren des Alten und des Neuen Testaments sind gut erforscht; die Erkenntnisse dieser Disziplin durften bisher nie beim Lehramt vorfahren. Uta Ranke-Heinemann, erste Theologie-Professorin weltweit, verlor die Lehrerlaubnis auch wegen einer Frauenfrage. Elisabeth Gössmann und Elisabeth Schüssler Fiorenza bekamen keinen Lehrstuhl in ihrer Heimat, unter anderem deshalb, weil die deutschen theologischen Fakultäten von Rom besonders scharf bewacht wurden. Der Tübinger Moraltheologin Regina Ammicht Quinn wurde im Jahr 2000 ein Lehrstuhl an der Katholisch-Theologischen Fakultät Augsburg verweigert. Zuerst hieß es, der Platz sei für einen Priester reserviert, dann lautete die Begründung, die Kandidatin stehe nicht auf dem Boden der kirchlichen Lehre. Wenige Jahre später stimmte der damalige Trierer Bischof Reinhard Marx nicht zu, als die Universität des Saarlandes Ammicht Quinn zur Professorin berufen wollte.

In der Heilsmitte verortete Joseph Ratzinger, die Stimme des Lehramtes 2004, die Frauen. Lehrten sie aber selbst, wurde ihnen Unheilvolles zugetraut.

Das zu bekommen, was Männer selbstverständlich haben, ist Frauen nach wie vor nicht erlaubt. Erwartet wird der dankbare Blick von schräg unten. Den haben die katholischen Sonderwesen verinnerlicht. Anfang Dezember 2016 gründete sich im Vatikan ein Frauenverein. Rund 760 Mitarbeiterinnen hat die Kurie. Schon bei der Gründung beschwichtigten die Vereinsmitglieder: Nein, es geht nicht um die Weihe, man wolle keinen Umsturz, erklärt Mit-Gründerin Gudrun Sailer gegenüber dem Domradio. Es gehe ums Kennenlernen, Vernetzen, Helfen. Dass die höchsten Leitungsebenen mit Kardinälen besetzt sind, werde auch so bleiben. Mehr Positionen mit Verantwortung streben die »Donne in Vaticano« an, das reicht.

Frauen bringen eine Engelsgeduld auf. Die Würzburger Synode hatte Anfang der 1970er Jahre die Diakoninnenweihe gefordert. Rund 40 Jahre später, vor dem Katholikentag in Mannheim 2012, sprach ich mit dem damaligen Vorsitzenden der Deutschen Bischofskonferenz Robert Zollitsch und dem Präsidenten des Zentralkomitees der Katholiken, Alois Glück, für ein Interviewbuch darüber. Das ZdK hatte sich erneut auf die Diakoninnenweihe festgelegt, die Bischofskonferenz war darüber not amused. Es sei »nicht hilfreich«, sich in lehramtliche Fragen einzumischen, hatte der Vorsitzende den Präsidenten vor dem Großereignis wissen lassen. Das Interview stand unter Spannung. Nachzulesen in dem Band ist eine nichtssagende Antwort, von der Art, wie man sie quengelnden Dreijährigen an der Supermarktkasse gibt. Das Frauenthema schien einerseits brandgefährlich – und andererseits wie Kinderkram.

Damals regierte im Vatikan noch Benedikt, für den Feminismus sich auf Relativismus reimte. Mit seinem Rücktritt fiel ein Teil der Spannung weg. Die Grundhaltung gegenüber fordernden Frauen bleibt altväterlich: Sie sollen abwarten. Bis die 27. Untersuchungskommission endlich geklärt hat, ob es Diakonissen im südlichen Teil von Ostwestfalen im 13. Jahrhundert noch, schon oder wieder gab, hat sich der Wunsch nach Weihe gelegt. Kaum zu glauben, dass nun – fünf Jahre nach dem Eiertanz um den »Tag der Diakonin« – ausgerechnet dieses Amt eine Herzensangelegenheit des deutschen Episkopats sein sollte.

Warten hat sich bisher für diejenigen gelohnt, die alles beim Alten lassen wollen. Mehr als die Hälfte der Teilnehmer der Würzburger Synode lebt nicht mehr. Es gab ein Netzwerk Diakonin, es gab Vorbereitungsseminare für den Dienst. Legal ist noch immer keine Diakonin geweiht worden. Seit dieser Zeit engagieren sich weniger Frauen in den Gemeinden, besuchen weniger von ihnen die Gottesdienste, melden sich weniger in katholischen Verbänden an. Sie bleiben weg und damit auch viele potenzielle Quenglerinnen.

Als ich im kurzen Frühling der Anarchie 2013 in einem Leitartikel für Christ&Welt schrieb, Frauen seien schon so lange auf der Welt wie Männer, sie seien keine neumodische Erfindung, für die allerlei Sonderämter kreiert werden müssten, kündigte ein betagter, konservativer Theologie-Professor das Abo. Er habe lange mit mir Geduld gehabt, diese Unverschämtheit sei eine zu viel. Frauenrechte sind dieser kirchenmännlichen Kopfgeburt zufolge nur eine Laune des Zeitgeistes. Franziskus hat seiner Kirche Realitätssinn verordnet. Aber nicht jeder will die Frau, das unbekannte Wesen, wirklich aus der Nähe kennenlernen. Manche hoffen darauf, dass sich das Problem mit den Frauen und dem Papst von selbst erledigt.

Mit Pfefferminz bin ich dein Prinz.
Ein fast fiktives Abendmahl
mit einem Jungkonservativen

Als Johannes Paul II. im Herbst 1980 zum ersten Mal Deutschland besucht, kommt es auf der Münchner Theresienwiese zu einem Eklat. Es ist die letzte Station der Reise, eine Begegnung mit Jugendlichen steht an. Barbara Engl, Diözesanvorsitzende beim Bund der Deutschen Katholischen Jugend (BDKJ), hat eine Rede vorbereitet, der Text wurde von der Bischofskonferenz geprüft und für zumutbar befunden. Doch die damals 29-Jährige stellt etwas Ungenehmigtes voran. Sie schildert den »Eindruck vieler Jugendlicher«, dass »die Kirche ängstlich an den bestehenden Verhältnissen festhält«. Sie spricht davon, dass die Kirche zu den Themen Freundschaft, Sexualität und Partnerschaft nichts als Verbote zu bieten habe. Engl vermisst eine »stärkere Beteiligung der Frauen am kirchlichen Amt«.

Erzbischof von München und Freising ist damals Joseph Ratzinger. Sein Pressesprecher wird Engl später vorwerfen, die Verantwortlichen »ausgetrickst« zu haben. Dabei hat der Erzbischof, wie die junge Frau später der »Süddeutschen Zeitung« sagt, die angeblich hineingeschmuggelten Passagen vorab gesehen und lediglich darauf bestanden, dass sie nicht als Behauptungen, sondern als Fragen formuliert werden.

Ob die Vertreterin des BDKJ anno 1980 für das Gros der katholischen Jugend spricht, lässt sich nicht beweisen. Sie bekommt

Fanpost und erhält Briefe, in denen Sie als »unsere Schande« beschimpft wird. Joseph Ratzinger beeilt sich, auf andere, gute Jugendliche hinzuweisen, die mit ihrem Beten und Singen »einen überzeugenden Beitrag zur Vorbereitung und zum Gelingen des Papstbesuches« geleistet haben.

Ich war damals 12, hatte gerade angefangen, Kirchenorgel zu spielen und Zeitung zu lesen. Meine fromme Tante winkte am Wegesrand, als Johannes Paul II. auf seiner Reise auch Köln besuchte. Von unserem Dorf fuhren damals mehrere Busse zum Butzweiler Hof, dem Austragungsort der Papstmesse. Ob ich mitfahren wolle, fragte meine Tante. Meine Großmutter schaute mich erwartungsvoll an. Das gehöre sich so für eine Klosterschülerin, sagte sie. An unserem Ursulinen-Gymnasium redete Anfang der 1980er Jahre niemand mehr so, die Nonnen verzichteten auf eine Mobilisierungskampagne. Was sich für katholische Mädchen gehörte oder nicht, war selten ein Thema. Es gab vorgeschriebene Rocklängen, der Schulgottesdienst war Pflicht, wer mit dem Fahrrad zu weit aufs Schulgelände fuhr, musste in den Pausen den Hof fegen. Auf besondere Papsttreue wurden wir nicht eingeschworen. Im Religionsunterricht sprachen wir kurz vor der Pubertät mehr über Sekten und Drogen als über Weihen und Weihrauch. Die Ordensschwestern warnten uns fächerübergreifend vor der verdorbenen Welt, vor Männern im Allgemeinen und Dealern auf McDonald's-Toiletten im Besonderen. Aufkleber der Anti-Raucher-Kampagne »Wer küsst schon gerne Nikotin?« wurden während der Reli-Stunden verteilt. An Fan-Sticker für ein katholisches Oberhaupt, das ungefähr zur selben Zeit den Boden des Köln-Bonner-Flughafens küsste, kann ich mich nicht erinnern.

Mein Nein zum Papstbus bedeutete für Oma ungefähr das, was Engls Rede für Joseph Ratzinger bedeutet haben mag. Sie schüttelte mit dem Kopf, fürchtete um mein Seelenheil und legte einige Extra-Rosenkränze ein. Außerdem erzählte sie von Jugendlichen, die brav beteten und sangen. Von der Rebellion auf der Theresienwiese hatten wir Fast-Jugendliche in unserem Dorf nichts mitbekommen.

Ein paar Jahre später machte ich selbst katholische Jugendarbeit, bereitete Gottesdienste und Frühschichten vor. Engl hatte auf großer Bühne formuliert, was die meisten in unserer Landjugend-Gruppe dachten. Wir strickten für den Frieden, einige ältere erzählten von Befreiungstheologen, die der Vatikan mundtot gemacht habe. Theologie hat uns damals nicht besonders interessiert. Das mit den Frauen und der Sexualmoral interessierte uns schon. Mit dem Pfarrer sprachen wir nicht darüber, manchmal mit der Gemeindeassistentin, einmal auch mit einem Pater, der zur Gemeindemission aufs Land kam. Ja, da müsste was gemacht werden, murmelte der ansonsten wortgewaltige Prediger. Uns störte dieser Mystizismus nicht, Hauptsache, die Geistlichkeit redete uns nicht rein.

Die Gemeinde erlebten wir als einen Ort, an dem uns Erwachsene etwas zutrauten. Zwischen Beten und Basteln suchten wir Gott, uns selbst und das hormonelle Gleichgewicht. Einmal gab es Ärger um ein Liederbuch der Katholischen Jungen Gemeinde. Wegen linker Gesänge wurde es von der Bischofskonferenz verboten. Wir hatten uns Kopien gemacht und sangen erst recht daraus weiter. Freiheit wäre ein zu großes Wort dafür. Man ließ uns gewähren.

Wir glaubten damals, die Zeit werde für uns arbeiten. Viele katholische Landmädchen – einst eine bildungspolitische Problemgruppe – gingen aufs Gymnasium, oft als erste in ihrer Familie, viele wollten studieren. Das mit den Ämtern werde sich verändern, weil wir – die Frauen von morgen – sich veränderten, glaubten wir. Wir würden uns nicht mit Kindern, Küche, Kirche abspeisen lassen wie Oma. Wir könnten, wenn wir wollten, den Altar erobern, friedlich strickend, versteht sich.

Es kam anders. Etwas später regierte Rom durch bis in die kleinsten Pfarreien. Die Priester zogen römische Kragen an, Laien spürten enge Grenzen. Es wurde denunziert statt diskutiert. Hatte eine Frau etwas Predigtähnliches im Gottesdienst gesagt? War einer Kommunionkatechetin eine kirchenkritische Bemerkung herausgerutscht? Für Meldungen dieser Art fanden sich dankbare Abnehmer in Generalvikariaten, bisweilen sogar im vatikanischen Staatssekretariat. Unser liberaler Pfarrer ermahnte plötzlich von der Kanzel aus Paare, die unverheiratet zusammenlebten. Sie sollten sich gut überlegen, ob sie der Kommunion würdig seien. Die Priester der Konzilsgeneration, die ich einige Jahre zuvor als debattenfreudig erlebt hatte, wollten nicht mehr über die Frauenfrage sprechen.

Ihre jüngeren Kollegen sprachen darüber. Seminaristen schauten mich mitleidig an, wenn ich das Thema anschnitt. »Wissen Sie nicht, dass Jesus nur Männer berufen hat?«, fragten die Höflichen unter ihnen. Manche behaupteten siegessicher, das werde sich niemals ändern. Die Unhöflichen reagierten gar nicht, wenn eine Frau sie ansprach.

Am Rande einer Tagung in einem Kloster sagte mir ein Priesteramtskandidat jenen Satz, der mir klarmachte: Ich bin alt. Die jungen Engagierten ticken anders als »wir« damals. Er sagte nicht einfach Nein und Niemals. Er sagte: »Wenn Frauen geweiht würden, dann wäre das ein Verrat an der katholischen Kirche.« Währenddessen goss er sich den obligatorischen Pfefferminztee ein. Ein Käsebrot an Nudelsalat lag auf seinem Teller, wie bei den Klosterwochenenden unserer Jugend. Wenigstens das Essen hatte sich über die Jahrzehnte nicht verändert. Der Ton bei Tisch war schärfer geworden. »Mit Pfefferminz bin ich dein Prinz.« Dieser Song von Marius Müller-Westernhagen fiel mir ein, als er von Verrat sprach. Gegen offene Unverschämtheit hilft manchmal heimliche Albernheit.

Die Begegnung fand 2010 statt, ich war damals 42, der Fast-Priester 25. Vielleicht hatte sich meine Oma genauso gefühlt, als ich Mitte der 1980er Jahre, damals gerade 16, der fast 80-Jährigen an den Kopf warf, sie stütze mit ihrer Marienverehrung das katholische Patriarchat. Der junge Seminarist verweigerte die Ehrfurcht vor dem Alter, jedenfalls vor meiner Altersgruppe. Ein bisschen kirchliche Jugendarbeit, ein bisschen Frieden, ein bisschen Frauen, ein bisschen fair gehandelter Kaffee aus Nicaragua, eine Mischung aus Beten und Diskutieren – das war jener Zeitgeist der Achtziger, den er und seine Altersgenossen verachteten. Sie machten sich lustig über unseren Bastel-Katholizismus.

In unserer Jugendgruppe gab es Konservative und Linke. Ich hatte Freundinnen, die keusch in die Ehe gehen wollten, die Frauen am Altar befremdlich gefunden hätten, die voller Inbrunst dieselben Marienlieder sangen wie 90-jährige Ehrenmitglieder der Jungfrauenkongregation. Diese Mädchen waren in der Minderheit, einige fürchteten die kirchenpolitischen Debatten in der Landjugend-Teestube; sie klapperten laut mit den Löffeln, wenn sie die Worte Pille und Kondom hörten. Wir diskutierten trotzdem, das Verhältnis blieb bei allen Meinungsverschiedenheiten freundschaftlich. Verrat an der Kirche haben sie mir nie vorgeworfen.

25 Jahre später trumpften die jungen Konservativen der nächsten Generation auf: Das hat Jesus so gewollt! Das ist entschieden! Das ist göttliches Gesetz! Diskussionen, Stuhlkreise, Reformpapiere – damit beschäftigen sich graue Mäuse. Sie hingegen sahen sich als

glühende Christen, die brennen und bekennen. Erscha-hal-le laut, Tri-u-humph-Gesang. Worte wie »unkatholisch« machten Karriere und diejenigen, die so redeten, auch. Die Mehrheit der Katholiken in Deutschland denkt zwar anders, aber mein Pfefferminz-Prinz am Klostertisch wusste 2010 die Hierarchie auf seiner Seite. Die Diskurshoheit über kirchliche Themen in den Medien mochten wir links-lauen JugendarbeiterInnen der 8oer Jahre erobert haben, die Machtpositionen in der Kirche nicht.

Das ließ er mich spüren. Mehr als der Inhalt störte mich seine Abendmahls-Arroganz. Im katholischen Kosmos ist Platz für vieles und viele, dieses Bild habe ich aus meiner Teestuben-Sozialisation mitgenommen. Hier, beim Kloster-Käsebrot, fiel mir zum ersten Mal auf, dass »katholisch« eine andere Bedeutung bekommen hatte: Katholische Identität definiert sich über Strenge und Enge, drin ist, wer andere draußen hält. Ich sagte dem jungen Mann, ich sei keine Theologin. Das einzige theologische Buch, das ich je gelesen hätte, seien die »Eunuchen für das Himmelreich« von Uta Ranke-Heinemann. Danach verstummte er.

Wenn ich mir vorstelle, das Gespräch ginge heute weiter, was würde er sagen, was ich? Wer bis hierhin gelesen hat, wird bemerken: Eines meiner Hauptargumente für die Weihe von Frauen besteht darin, die Gegenargumente zu entkräften. Die katholische Kirche hat im Laufe der Zeit eine wundersame Kreativität an den Tag gelegt, um immer wieder neue Bedenken und Verbotsbegründungen zu erfinden, wenn alte wegbrachen. Als Einfallsreichtum und Autorität schwanden, griff sie zu einem anderen Mittel: Sie zeigte die Instrumente und wandte sie an. Die lehramtlichen Schreiben des späten 20. Jahrhunderts antworteten auf Autoritätsverlust mit Rechtsverschärfung. Im Mai 1988 wurde das Kirchenrecht ergänzt. Ein Motu Proprio fuhr große Geschütze auf.

Ins Kirchenrecht eingefügt wurde der Absatz: »Wer eine Wahrheit leugnet, die kraft göttlichen und katholischen Glaubens zu glauben ist, oder sie in Zweifel zieht oder den christlichen Glauben gänzlich ablehnt und nach rechtmäßiger Ermahnung sein Unrecht nicht einsieht, soll als Häretiker oder Apostat mit der großen Exkommunikation bestraft werden; der Kleriker kann darüber hinaus mit anderen Strafen belegt werden, die Absetzung nicht ausgeschlossen.«

Wieso Rechtsverschärfung?, entgegnet der Seminarist. Es müsse doch Ordnung herrschen. Der Erlass »Ad tuendam Fidem« von 1988 spricht meinem Jungkonservativen aus der Seele: Die Frauenweihe kommt ausdrücklich nicht vor, aber Worte wie »Häresie« und »gerechte Strafe« erfüllen ihn mit Zufriedenheit. So sei das nun mal mit dem Gehorsam, sagt er, die Kirche sei klüger als der Einzelne, das müssten Katholiken akzeptieren.

Je brüchiger die Begründungen, desto härter die Strafen für den Zweifel daran, entgegne ich. Die Theologin Elisabeth Gössmann zog 2005 in der »Neuen Züricher Zeitung« eine Bilanz des Pontifikats von Johannes Paul II. Sie erinnert in dem Artikel daran, dass sich nicht einmal Großkatholiken wie ein Papst darüber hinwegsetzen können, dass auch Aussagen, die unfehlbaren Lehren gleichgesetzt sind, einsichtiger Gründe bedürfen. Hätte ich den Text 2010 schon gekannt, so hätte ich damals am Tisch erwidert: Selber denken gehört sehr wohl zur katholischen Identität. Die Entwicklung von »Humanae Vitae« bis »Amoris Laetitia« zeigt, dass sogar ein Papst die Einsicht in die Argumente seiner Vorgänger verlieren kann. Die Kirche ist keine Demokratie, darauf sind Konservative besonders stolz, aber sie hat Mitglieder, die in Demokratien leben und sie hat mit Franziskus einen Papst, der zur Debatte ermuntert, gerade auf Thementerrains, die zuvor vermint waren. Wenn Begründungen nicht mehr einsichtig sind, dürfen sie ersatzlos gestrichen werden.

Überzeugen wird das meinen Gesprächspartner beim fiktiv fortgesetzten Abendmahl nicht. Er verehrt Benedikt, den Namen Franziskus empfindet er als Reizwort. Dieser Heilige Vater sei ein guter Weltpastor, jedoch »theologisch schwach«, pflegt er mitleidig zu sagen. Um dem Papst dogmatisch in der Frauenfrage unter die Arme zu greifen, zitiert der junge Mann die Bibel, am liebsten Paulus, am allerliebsten den Korintherbrief. Darin heißt es: »Wie es in allen Gemeinden der Heiligen üblich ist, sollen die Frauen in den Versammlungen schweigen; es ist ihnen nicht gestattet zu reden: Sie sollen sich unterordnen, wie auch das Gesetz sagt. Wenn sie etwas lernen wollen, dann sollen sie zu Hause ihre Männern fragen, denn es gehört sich nicht für eine Frau, in der Versammlung zu reden.« Weil ihm das zu negativ klingt, schiebt er den Epheserbrief hinterher. Darin heißt es: »Einer ordne sich dem anderen unter in der gemeinsamen Furcht Christi! Ihr Frauen euren Männern wie dem Herrn; denn der Mann ist das Haupt der Frau wie auch Christus das Haupt der Kirche ist. … Wie aber die Kirche sich Christus unterordnet, so sollen sich auch die Frauen in allem den Männern unterordnen. Ihr Männer, liebt eure Frauen.« Dass Frauen nicht Priester werden dürfen, hat demnach eine lange Tradition. Im Anfang des Ausschlusses war seiner Ansicht nach die Liebe. Wahre Liebe müsse auch schon einmal etwas verbieten. Er schaut mich siegesgewiss an: Kann denn Liebe Sünde sein?

Ich werfe einen Namen über den Tisch, dessen theologischen Rang mein Gegenüber nicht bestreiten kann: Karl Rahner. Das Thema Frauen stand nicht im Zentrum seines Schaffens, aber 1977 schrieb er für die Jesuiten-Zeitschrift »Stimmen der Zeit« einen Aufsatz über das »Priestertum der Frau«. Genau genommen setzte er sich mit dem Schreiben der Glaubenskongregation vom 15. Oktober 1976 auseinander. Mehr nicht. Rahner fragte unter anderem, ob das Lehramt in »Inter Insigniores« eine Tradition als göttlich etikettiert, die eigentlich menschlich ist und damit »reformabel«. Es ist kein besonders langer Text, es ist kein leidenschaftliches Plädoyer für die Weihe. Rahner erschien das Thema nicht umwerfend wichtig. Aber er macht ein grundsätzliches Argument stark: Die Kirche schiebt die Beweislast denjenigen zu, die an der aktuellen Situation etwas ändern wollen. Rahner fragt: Ist dies »schlechthin gerechtfertigt«, wo doch gerade bei Paulus klar ist, dass ihn die Sitten der Zeit beeinflussen und seine Aussagen über Frauen »keinen normativen Wert mehr haben«? Einfacher gesagt: Wer die Frauenordination unter Berufung auf Paulus verbietet, erklärt den Zeitgeist von damals zur ewig gültigen Wahrheit.

Rahner sei Zeitgeist der 60er, 70er Jahre, sagt der Seminarist. Darüber sei die Theologie längst hinaus. Ich frage ihn: Gibt es Frauen nicht genauso lange, wie es Männer gibt? Er nickt. Dass Eva später geschaffen sei als Adam sei tatsächlich theologisch überholt. Gibt es nicht mindestens so viele Frauen wie es Männer gibt? Er nickt wieder. Gerechtigkeit ist meines Wissens eine der vier Kardinaltugenden, sage ich. Er nickt erneut. Warum wurde in der Kirchengeschichte die Fortschreibung sozio-kulturell bedingter Ungerechtigkeiten mit der Kardinalswürde belohnt? Das sei sehr polemisch, sagt er.

Ich erzähle ihm von einem Werkstattgespräch im Erzbistum Köln. Alle Gemeindemitglieder waren aufgerufen, sich an der Diskussion über die Zukunft von Seelsorgebereichen zu beteiligen. Diskutiert wurde über Pfarrheimnutzung und Messzeiten, über Wort-Gottes-Dienst unter der Leitung von Laien und über den Sinn von Pfarrfesten. Am Ende raunte eine besonders engagierte

Katholikin ihrem Nachbarn den Satz zu: »Ich halte es immer noch für ein Problem, dass man die Hälfte der Menschheit von Ämtern ausschließt.« Auf die Rückfrage, warum sie das nicht laut gesagt habe, entgegnete sie: »Das hat sowieso keinen Zweck.«

Ich kann sie verstehen, natürlich wäre die Antwort gewesen: »Das muss Rom entscheiden, das ist eine Sache des Lehramts, das können wir hier nicht in der Gemeinde bestimmen«. Die Formulierung mit der »Hälfte der Menschheit«, die Hoffnung auf Gerechtigkeit, hat schon auf vielen Flipcharts von Diskussionen und Dialogprozessen gestanden. All das hat Rom nicht überzeugt, und es würde auch meinen jungen Gesprächspartner nicht überzeugen. Die Gerechtigkeit der Kirche ist nun einmal nicht die Gerechtigkeit, von dieser Welt, wendet er ein. Warum tun sich Laien in Stuhlkreisen nur so schwer damit, das zu verstehen?

Dass 49,55 Prozent der Weltbevölkerung Frauen sind, sei nichts als Statistik, sagt der Prinz. Das Geheimnis des Glaubens könnten Datenerhebungen nicht messen. Ebenbürtigkeit bedeute Komplementarität und gerade nicht Identität, Männer folgten dem apostolisch-petrinischen Prinzip und Frauen dem marianisch-prophetischen. Die Differenz zur Welt sei es, die die Kirche von einem Unternehmen oder einer Partei unterscheide und die Theologie von Soziologie oder Politologie. Und wenn ich schon die Statistik bemühte: Es gebe mehr Pastoralreferentinnen als Pastoralreferenten, mehr Theologiestudentinnen als Theologiestudenten, Seelsorgeabteilungen in den Generalvikariaten würden von Frauen geleitet. So what? Bei meiner Formulierung »Hälfte der Menschheit« rollt er die Augen nach oben. Er zitiert – wieder einmal – Joseph Ratzinger. Der schrieb in einem Buch über die Dokumente der Glaubenskongregation kopfschüttelnd über die Gerechtigkeitsfrage: »Was vorher Bindung an das Mysterium des Ursprungs gewesen war, wird nun nur noch als Diskrimination der Hälfte der Menschheit bewertet.« Frauen könnten also gar nichts fordern, sagt mein Gegenüber. Es gehe um das Mysterium, nicht um einen Rechtsanspruch. Jesus habe entscheiden können – und seine Nachfolger aus der anderen, der männlichen Hälfte der Menschheit rekrutiert.

Mich erstaunt, mit welcher Selbstgewissheit Kleriker – vom Erstsemester bis hinauf zum Kardinal – die Beschwörungsformel wiederholen, Jesus habe nur Männer erwählt. Mein junger Theologe zitiert aus dem Markus-Evangelium: »Jesus stieg auf einen Berg und rief die zu sich, die er selbst wollte, und sie kamen zu ihm. Und er setzte zwölf ein, damit sie mit ihm seien und damit er sie aussende, zu verkünden und mit Vollmacht Dämonen auszutreiben. Die Zwölf, die er einsetzte, waren:…« Es folgen zwölf Männernamen von Petrus bis Judas Iskariot. Wie er es im Priesterseminar gelernt hat, zitiert er weitere Stellen. Darin ist von den Jüngern als Hirten die Rede, von Jesus als dem Haupt und der Kirche als Braut Christi. Es heiße außerdem Gottessohn und nicht Gottestochter.

Ich halte es da mit der Tübinger Theologin Johanna Rahner. In einem Interview mit der Wochenzeitung »Die Zeit« wurde sie mit dem Einwand konfrontiert: »Die Apostel waren aber Männer«. Johanna Rahner entgegnete: »Das ist ein biblizistisches und pseudohistorisches Argument… Die Frage ist, wie sie von den Aposteln zur Ämterstruktur der Kirche kommen. Weder ist historisch betrachtet Petrus der erste Papst, noch sind die Bischöfe einfach die Nachfolger der Apostel. Die schlichte Gleichsetzung ist historischer Unfug.«

Sie ist damit in guter Gesellschaft. Übervater Karl Rahner bezweifelte, dass sich die Priesterweihe auf Jesus zurückführen lässt. Auch Herbert Vorgrimler und Paul Hoffmann schrieben schon vor

Jahrzehnten kritische Texte zur Ämtertheologie. Peter Hünermann äußerte »schwerwiegende Bedenken«. Theologinnen wie Theologen kritisieren die schlichte und unhistorische Ämtertheologie, die vom Abendmahlstisch direkt an den Altar führt.

Die Regensburger Kirchenrechtlerin Sabine Demel fasst in ihrem Buch »Frauen und kirchliches Amt« die Debatte zusammen, die nach 1994 nicht mehr hätte stattfinden sollen. Gerade die Auswahlkriterien der Zwölf wecken Zweifel, die ich an mein fiktives Gegenüber weitergebe: Wenn es tatsächlich zwölf jüdische Männer waren, warum werden dann zwei von drei Merkmalen – nämlich jüdisch und zwölf – wenig später nicht mehr beachtet? »Warum hält die Kirche ausgerechnet am dritten Merkmal, dem Geschlecht, so eisern fest, um den Dienst der »Zwölf« bzw. der Apostel wahrnehmen zu können?«, möchte Demel wissen.

Tja, weshalb ist das Geschlecht so wichtig? Polemisch frage ich meinen Priesteramtsanwärter, ob Weihnachten die Mann-Werdung Gottes gefeiert wird oder die Menschwerdung. Eine Frau am Altar, das sei Travestie, sagt er und kostet meinen verdutzten Gesichtsausdruck aus. Der Priester handle »in persona Christi«, zur Person gehöre das Geschlecht. Damit müsse ich nun mal klarkommen.

Ich gebe zu: Wenn die Gewänder sehr gülden und sehr spitzenmäßig gearbeitet sind, drängt sich mir auch das Wort »Travestieshow« auf. Dass nun ausgerechnet eine Frau in einem Gewand als verkleidet gelten soll… Der Prinz lächelt ernst. Das sei gerade das Mysterium. Der Priester repräsentiere Christus, auch in dessen Geschlechtlichkeit, er spiele ihn einfach nicht nach wie der Hauptdarsteller in Oberammergau. Mein Travestie-Vergleich sei eine Unverschämtheit und seiner der Beweis eines vertieften Christus-Verständnisses.

Rahner, Küng, Vorgrimler, Hünermann, Demel – ich weiß schon.

Wenn ich diese Namen erwähne, winkt er ab. Linksdrehende Lehramtsunterminierer sind sie aus seiner Sicht. Theologen, die zu wenig beten und zu viel diskutieren. Wer bei denen studiert, verlernt den Glauben, sagt er. Musste nicht der frühere Bischof von Regensburg, Gerhard Ludwig Müller, seine Hochschullehrerin Demel ermahnen? Mein Gesprächspartner nimmt eine Ausgabe der Zeitschrift »Stimmen der Zeit« aus dem Jahr 2012 zur Hand. Darin antwortet Gerhard Ludwig Müller als Präfekt der Glaubenskongregation den Befürwortern der Frauenweihe. Wer das Nein des Lehramtes nicht akzeptiere, wer sich lieber auf »repräsentative Dogmatiker« als aufs Lehramt stütze, sei »populistisch« und unterstütze »kirchenpolitischen Gender-Mainstreaming«, glaubt Müller. Sein Bewunderer am Klostertisch pausiert einen Moment, und schaut mich prüfend an: »Sie wissen ja, was Ihr verehrter Franziskus zum Thema Gender gesagt hat?« Ja, ich weiß. Die Gender-Theologie sei ein Weltkrieg gegen die Ehe, sagte er 2016 bei einem Besuch in Georgien. Für mich zeigt das nur, wie wenig er zum Thema Gender weiß, wie erfolgreich Rechtspopulisten Rechtgläubigkeit simulieren – und wie groß die Angst davor ist, auch diese eherne Grenze könne fallen.

Ich spüre seine Lust, jetzt auf die Gender-Debatte auszuweichen. Er hat die Bücher von Gabriele Kuby in der Tasche und »Gender-Gaga« von Birgit Kelle im Kopf. Wenn wir jetzt nicht wieder aufs Thema Weiheamt umlenken, verlässt das Gespräch dauerhaft den Altarraum und wir landen ganz schnell beim Klo fürs Dritte Geschlecht.

Das Dritte Geschlecht und die Zwölf-Jünger-Debatte haben etwas gemeinsam: Hier prallt die Unübersichtlichkeit pluraler Gesellschaften auf kirchliche Ordnungsbestrebungen. Die Botschaft der kritischen Theologie lautet seit Jahrzehnten, dass es sich das

Lehramt zu einfach macht. Beispiel Paulusbriefe: Schon lange arbeitet die Wissenschaft hier Widersprüche heraus. Das Weib schweige in der Gemeinde. Einerseits. Andererseits spricht Paulus am Ende des Römerbriefs explizit Frauen an: Phoebe wird »Diakonos« genannt, das könnte man als Diakonin übersetzen. Allerdings gab es damals noch keine Ämter und Dienste im heutigen Sinne. Die neue Einheitsübersetzung spricht an dieser Stelle diskret von der »Schwester Phöbe«. Paulus nennt zudem eine gewisse Junia und qualifiziert sie gemeint mit Andronikus als »angesehen unter den Aposteln«. Lange war in der katholischen Einheitsübersetzung wider besseres Wissen von einem Junias die Rede, ein Männername, den es nicht gab, aber aus lehramtlichen Gründen geben musste. Erst in der jüngsten Revision wurde aus dem Mann eine Frau.

Viel Aufhebens macht die Deutsche Bischofskonferenz um diese Veränderung nicht. Dabei wäre die Zeit reif gewesen für eine Entschuldigung bei jenen Theologen, die auch wegen ihrer Aussagen über Frauen beim Vatikan in Ungnade gefallen sind. Hans Küng, Johanna Rahners Vorgänger in Tübingen, bilanziert in seiner Geschichte der Frau im Christentum: »Es kann also kein Zweifel bestehen: Die Gemeinde, wie Paulus sie sieht … dürfte eine Kirche auch der Apostolinnen und Prophetinnen gewesen sein.« Er blieb lange unerhört, jetzt wird seine Sicht der Dinge stillschweigend ein wenig amtlich.

Als bekannt wurde, dass der Vatikan über den Diakonat der Frau nachdenkt, befragte mich eine Kollegin im Deutschlandfunk dazu. Ich sagte, ich fände es schon erstaunlich, dass diejenigen, die bis zum Schluss mit Jesus unter dem Kreuz ausgeharrt hätten, nicht Priesterinnen sein dürften, diejenigen, die weggerannt seien, jedoch sehr wohl. Die Frage hatte ich einige Jahre zuvor in einem Zeitungsinterview auch einem Bischof gestellt. Dessen Antwort war ausweichend, so einfach könne man das nicht sehen, sagte er.

Nach der Radiosendung schrieb ein aufgebrachter Hörer im Tonfall der Abendmahls-Arroganz, meine Aufgabe sei es wohl, den Katholizismus zu ruinieren. Auf meine Nachfrage per Mail, was inhaltlich falsch sei, welche historische Erkenntnis er darüber habe, dass Männer statt Frauen unter dem Kreuz ausharrten, verstummte er. Ich frage mein fiktives Gegenüber am Tisch nach der Treue in der Todesstunde. Er sagt, ich sei eine Gefangene meiner Selbst. Damit wollte ich wohl behaupten, Frauen seien grundsätzlich treuer und edler in der Nachfolge Christi. Das sei gerade eine Bestätigung dafür, dass Frauen nicht gleich seien. Gerade deshalb, weil ihnen das Karitative mehr liege, habe Jesus ihnen nicht den Altardienst anvertraut.

Ich frage ihn, was einen guten Theologen ausmacht. Er sagt: Einer, der das Lehramt und die Geschichte der Kirche respektiert. Einer, der akzeptiert, dass eine Berufung nicht vom eigenen Gefühl, sondern von der Zustimmung der Kirche abhängig ist. Einer, der sich selbst nicht zum Maß aller Dinge erklärt. Demut nennt er als wichtigste Theologentugend.

Ich würde es Bequemlichkeit nennen. Gemütlichmachen im Immer-Schon. Wer sich weniger ergeben in der Kirchengeschichte umsieht, wird merken, dass dieses »immer schon« immer schon falsch war. Ich erzähle ihm ein wenig von der feministischen Theologie. Er winkt zunächst ab, dann hört er zu.

Der Rahner-Schüler Haye van der Meer veröffentlichte 1969 ein Buch, in dem er das Priestertum der Frau befürwortete. Ida Raming wurde an der Universität Münster mit einer Arbeit promoviert, die den programmatischen Titel trug: »Der Ausschluss der Frau vom priesterlichen Amt. Gottgewollte Tradition oder Diskriminierung?« Die Dissertation kam 1973 als Buch heraus. Seitdem sind zahlreiche Abhandlungen zum Thema erschienen, zunächst in der allgemeinen Theologie, dann in der Abteilung feministische Theologie.

Feministisch ist zunächst eine Selbstbeschreibung für die weibliche Perspektive auf theologische Fragen – Leiblichkeit, Sexualmoral, Sakramentenverständnis. Daraus erwächst der Wunsch, die Machtverhältnisse in der Kirche zu verändern. Ein innerer Widerspruch ist nicht zu übersehen: Vor allem Wissenschaftlerinnen wehren sich gegen die kirchenmännlichen Fantasien von den »anderen Wesen«, zugleich betonen sie, dass sie einen anderen Blick haben als ihre männlichen Fachkollegen.

Ich sehe mein Gegenüber lächeln, weil er eine »Contradictio in adjecto« erkannt zu haben glaubt. Wollen Frauen nun gleich sein oder wollen sie sich in der Nische des Andersseins oder sogar der Bevorzugung einrichten?

Es stimmt, dass sich vor allem Theologinnen und Historikerinnen um die sogenannten Frauengestalten der Kirchengeschichte kümmern. Das spricht für die Nische des Andersseins. Dagegen spricht, dass jene, die von der Komplementarität der Geschlechter schwärmen, eher denunzierend als interessiert in die feministische Ecke schauten. Als komplementär, als notwendige Ergänzung, als Korrektur der männlich dominierten, amtlich anerkannten Theologie wurde die feministische Theologie nie wertgeschätzt. Entweder gilt sie als bedrohlich oder als lächerlich. »Nicht prüfungsrelevant«, ergänzt mein Gegenüber. »Man muss nichts aus dieser Ecke gelesen haben, um Priester werden zu können«, gibt er zu. Man muss nur wissen, wie man sie abwertet und abwehrt, sage ich.

Ich spreche mit ihm über Maria von Magdala, Heldin der feministischen Theologie und amtskirchliche Apostolin der Apostel.

Ich frage meinen Pfefferminzprinzen: Wie hältst du es mit dieser Maria? Er habe keine Beziehung zu dieser Frau sagt er. Er verehre die Gottesmutter, die eigene Mutter und Martha, die treue Dienerin. Jesus habe Maria von Magdala zwar den Auftrag gegeben, den Jüngern von der Auferstehung zu erzählen, das sei nicht mit dem Auftrag an die Jünger zu vergleichen, sagt mein Jungtheologe. Ein Amt habe Christus weder seiner Mutter noch Maria aus Magdala übertragen. So hat er es im Priesterseminar gelernt.

Ausgerechnet am italienischen Marienwallfahrtsort Loreto wurde im Herbst 2016 Maria Magdalena eine Ausstellung gewidmet, die verschiedene Seiten dieser Frau zeigt, die erträumten wie die nachgewiesenen, die frommen wie die frivolen. Vor einigen Jahren wäre eine solche Schau noch Verrat an der katholischen Kirche gewesen, jetzt dürfen selbst keusche Konservative solche Bilder mit gutem Gewissen anschauen. Ich bezweifle, dass mein jungkonservativer Widerpart sich davon überzeugen lässt. Für ihn bleibt das Abendmahl wichtiger als der Morgen danach.

Einen letzten, wissenschaftlich assistierten Überzeugungsversuch habe ich noch in petto. Wenn er die Erkenntnisse der feministischen Theologie belächelt, akzeptiert er vielleicht kirchenhistorische Forschungen, noch dazu wenn sie von einem Priester kommen. Ich zitierte den Münsteraner Kirchenhistoriker Hubert Wolf, unter anderem Träger des Leibniz-Preises. Er hielt 2016 beim Katholikentag in Leipzig die Festrede. Darin fragte er: »Was spricht eigentlich gegen ein klares Votum des Leipziger Katholikentages für die Ordination von Frauen?« Dann sei der 100. Katholikentag nicht nur ein harmloses Fest. Ein klares Votum kam nicht zustande, nicht einmal für den Diakonat der Frau.

Auf konservative Gemüter wirkt die Kirchengeschichte in der Regel beruhigend. Jemand wie Hubert Wolf verfolgt dagegen den

Ansatz, dass sie beunruhigend wirken müsse. In seinem Buch »Krypta« hat er verschüttete Fundamente der katholischen Kirche freigelegt, »gefährliche Erinnerungen«, kokettiert er. »Katholische« Priesterinnen hat er bei seiner Recherche nicht gefunden, wohl aber Äbtissinnen, die deutlich mehr durften als ihre Schwestern heute. »Frauen mit Vollmacht« nennt er sie. Gemeint sind damit rechtliche Befugnisse, also der sogenannte Jurisdiktionsprimat. Wer ihn hatte, entschied in seinem – oder ihrem – Sprengel darüber, welcher Geistliche die Messe lesen, predigen und die Beichte hören durfte. Darüber hinaus nahmen sich zumindest einige Äbtissinnen auch sakramental und liturgisch so viel heraus, dass Papst Innocenz III. glaubte, einschreiten zu müssen. 1210 verbot er Äbtissinnen, das Evangelium vorzulesen und zu predigen. Wolf mutmaßt, die Frauen hätten sich diese Befugnisse niemals genommen, wenn sie nicht die Äbtissinnenweihe als Diakoninnenweihe gedeutet hätten. Ob sie sich nach dem päpstlichen Machtwort immer an das Verbot hielten, lässt er offen.

Der Blick in die Kirchengeschichte taugt kaum zur siegesgewissen Feststellung. »Gab es nicht« und »Wird es nie geben«. Erkennbar wird vielmehr, wie viel noch ungeklärt ist. War zum Beispiel die Abtissinnenweihe eine sakramentale Weihe oder eine Benediktion? War sie mit der einer Abtweihe gleichzusetzen oder hatten Frauen etwas Eigenes? Manches spricht dafür, dass ausgerechnet im Mittelalter zumindest die Distanz zwischen Kirchenmännern und Ordensfrauen geringer war als heute. Der Sicherheitsabstand wurde erst im 19. Jahrhundert größer und, ausgerechnet, im Zweiten Vatikanischen Konzil nahezu unüberwindlich. Das Konzil wertete die Bischofsweihe auf, grenzte sie von der Äbtissinnen – beziehungsweise Abtweihe ab und band auch die Kardinalswürde an die Bischofsweihe. Äbtissinnen bekommen seit 1970 nur noch eine Einsegnung, um Verwechslungen mit den »echten« Weihen eines Bischofs zu vermeiden. Sakramentale Vollmachten sind wiederum an die Weihe gebunden. Hubert Wolf zieht in diesem Punkt eine negative Bilanz des Jahrhundertereignisses: »Die vom Zweiten Vatikanischen Konzil angestrebte Aufwertung des Bischofsamtes gegenüber dem Primat des Papstes führte – absichtlich oder unabsichtlich – zu einer Abwertung aller anderen Glieder der Kirche.« Die Amerikanerin Mary Daly, mit ihrem Buch »The Church and the Second Sex« von 1968 eine Pionierin der feministischen Theologie, schaute von der Pressetribüne aus dem Konzilsgeschehen zu. Das Nachrichtenmagazin »Spiegel« zitierte sie mit den Worten, das Konzil sei eine »Selbstparodie des Katholizismus«, bei der die Gleichberechtigung nicht einmal angeschnitten wurde. Kirchenmänner der Generation 70 plus blicken mit feuchten Augen aufs Konzil zurück, jüngere Kirchenmänner wie mein Seminarist verspotten ihre älteren Kollegen dafür. Für Frauen fing danach die Arbeit erst an. Vorkonziliar – auch das zeigt die Kirchengeschichte – kann reformerisch sein. Man sollte das Wort nicht den Piusbrüdern überlassen.

Ob das mein Gegenüber am Tisch überzeugt? Dass er nun zu einem flammenden Plädoyer für Äbtissinnen mit sakramentalen Vollmachten anhebt, wäre zu viel verlangt. Ich würde ihm schon fröhlich mit einer Tasse Pfefferminztee zuprosten, wenn ihn einige der Fragen nachdenklich gemacht hätten. Gegen Fragen hatte, wie das Beispiel der aufmüpfigen katholischen Funktionärin Barbara Engl zeigt, nicht einmal Joseph Ratzinger etwas einzuwenden.

Sollte das Wort »Pfefferminzprinz«, das ich in diesem Kapitel verwendet habe, als abwertend empfunden worden sein, so bitte ich um Vergebung. Manchmal geht der Genius der Frau mit mir durch.

Randbemerkung:
Das Amt der Anderen

Die australische Historikerin Lyndal Roper ist die erste Frau, die sich an Martin Luther herantraut und ihm eine große Biografie widmet. Der Reformator verlangt dem weiblichen Teil seines posthumen Publikums bis heute Unerschrockenheit ab. Selbst Margot Käßmann, als Reformationsbeauftragte der Evangelischen Kirche in Deutschland zum Luther-Lob verpflichtet, bekannte in einem Interview, sie wäre nicht gern mit diesem Macho verheiratet gewesen.

Die Aussagen Luthers über Frauen sind ähnlich widersprüchlich wie bei Paulus. Einerseits betont er das Gemeinsame der Geschlechter, Frauen wie Männer stehen Christus gleich nah. In der Schrift »Welche Personen verboten sind zu ehelichen« von 1522 erklärte er: »Sintemal alle getauften Weiber aller getauften Männer geistliche Schwestern sind, als die einerlei Sakrament, Geist, Glaube, geistliche Gaben und Güter haben, damit sie viel näher im Geist Freunde werden denn durch äußerliche Gevatterschaft.« Andererseits hält er Tischreden, die bei allem Verständnis für den historischen Kontext nicht entspannt mit dem Seufzer: »So war er eben, der Martin« weggeatmet werden können. Frauen hätten den einzigen Zweck, Kinder zu gebären, sagt er da. Damit steht er in gut katholischer Tradition.

Die Reformation ordnete Europa neu. Luther ordnete die Ordination und das Ämterverständnis neu. Die Geschlechterordnung blieb beim Alten, trotz oder wegen Luthers Frauenbild. In ihrem

Aufsatz »Der lange Weg von der Frau Pfarrer zur Pastorin« – ein Text zur Pfarrhausausstellung des Deutschen Historischen Museums – erinnert die Theologin Petra Bahr an eine fast vergessene evangelische Katharina. Nicht Luthers Frau meint sie damit, sondern Katharina Zell. 1523 hatte diese Katharina den Straßburger Prediger Matthäus Zell geehelicht. Doch sie war nicht nur »die Frau von«, sie predigte, debattierte, publizierte. Sie setzte, wie Bahr schreibt, »die theologischen Potenziale der Gleichwürdigkeit von Männern und Frauen gegen die Unterordnungssehnsüchte der patriarchalischen Gesellschaft«. Berufen konnten sie sich dabei auf Luthers Notmandat: »Darump foddert die Ordnung, tzucht und eher, das weyber schweygen, wenn die menner reden, wenn aber keyn man predigt, ßo wers von nötten, das die weyber predigen.« Die Kirchen, die sich auf die Reformation berufen, brauchten mehrere Jahrhunderte, bis sie Pfarrerinnen auf die Kanzel ließen. Wie Hans Küng herausarbeitet, wird der Ausschluss der Frau vom Amt zum Teil anders begründet als in der Kirche traditionell üblich. Der Mann gibt den Ton an, in der Familie und in der Gemeinde. Argumentiert wird eher mit der Schicklichkeit als mit dem Schicksal. Für Reformator Johannes Calvin zum Beispiel wäre mehr weiblicher Einfluss ein Verstoß gegen die kirchliche und staatliche Ordnung. Das Ergebnis ist auch ein Nein, immerhin ein veränderbares.

Das Christentum enthält eine emanzipatorische Botschaft. In allen Jahrhunderten berufen sich Frauen auf Christus, um sich von den gängigen gesellschaftlichen Vorstellungen ihrer jeweiligen Zeit zu befreien. Sie verzichten auf die Ehe, treten in Orden ein, erlernen Berufe, schreiben, lesen, forschen. Das, was gemeinhin als Frauenbewegung bezeichnet wird, und im 19. Jahrhundert begann, ging jedoch nicht vom Christentum aus, schon gar nicht von den

Kirchen. Es war ein Fortschritt, wenn die neue soziale – und sozialistische – Bewegung nicht spurlos an den Kirchen vorbeizog.

Beim Evangelischen Sozialen Kongress 1895 ging ein Raunen durch den Saal als eine Frau das Wort ergriff, noch dazu eine Geschiedene: Elisabeth Gnauck-Kühne, Ökonomin und Expertin für die soziale Lage der Frau. Gerechtigkeit statt Barmherzigkeit forderte sie. Ein Schlachtruf, den Franziskus-Versteherinnen sich heute auch auf die Fahnen schreiben könnten. Gnauck-Kühne erinnerte sich später an ihren Auftritt: »Als ich 1895 in Erfurt reden sollte, wollte das Aktionskomitee, dass ich nur die Arbeiterinnenfrage behandele. Ich erklärte bestimmt, ich würde auch die bürgerliche Frauenfrage behandeln. Große Verstimmung. Ich blieb aber fest. Ja, ja, vor der eigenen Tür kehren die Herren nicht gern, sie selbst wollen ihre Ansichten und Beziehungen nicht ändern, nur in der Arbeiterklasse soll das Weib anders gestellt werden.«

Anders gestellt – das hieß für die bildungsbürgerlich-protestantische Frau zunächst einmal: raus aus der Innerlichkeit, hinein in die Öffentlichkeit. Die Forderung nach dem Amt wurde gelegentlich erhoben, wichtiger war es, den Aktionsradius über den hauseigenen Salon und über das sozial-karitative ehrenamtliche Engagement hinaus zu erweitern. Die konfessionellen Frauenverbände waren hin- und hergerissen zwischen weltlicher Bewegung und vermeintlich göttlicher Statik. Nicht alle bewerteten es als Segen, als 1918 in Deutschland das allgemeine Wahlrecht für Bürger und Bürgerinnen eingeführt wurde.

Dass kirchliche Ämter für Frauen möglich wurden, ist nicht der Reformation, sondern dem Feminismus geschuldet. Große Institutionen haben die Wahl: Reagieren sie auf Druck von außen oder ignorieren sie ihn? 1930 forderte die Vereinigung Evangelischer Theologinnen das volle Pfarramt. Während des Krieges übernahmen viele Pfarrersfrauen die Aufgabe ihrer Männer, unter Berufung auf das Notmandat Luthers. Die Bekennende Kirche verfasste 1942 ein »Vikarinnengesetz«, das in der Nachkriegszeit prägend wirkte. Es sah ein eigenes weibliches Amt vor, kein gleichwertiges: Segen statt Ordination, weniger Gehalt und die Verpflichtung zur Ehelosigkeit. Letzteres war nicht ungewöhnlich: Seit 1885 mussten Frauen im staatlichen Dienst zölibatär leben. Ehefrauen hingegen sollten ihre Schlafzimmerpflichten erfüllen und gebärend dem Vaterland dienen. Als Beschäftigte von Staat und Kirche waren sie unerwünscht.

Als die Pfarrer aus dem Zweiten Weltkrieg zurückkehrten, übernahmen sie wieder die Kanzeln, die in der Not »Frau Pfarrer« bespielt hatte. Der Pastor blieb Herr im Gotteshaus. Wenn Frauen Theologie studiert hatten, waren sie meistens Pfarrersfrau geworden. Nun konnten sie Vikarin werden. Ende der 1950er Jahre waren nach Angaben von Cornelia Schlarb vom »Theologinnenkonvent« rund 400 Vikarinnen in Deutschland tätig, zum Teil als Leiterinnen einer Gemeinde.

Im Mai 1958 trat in der Evangelischen Landeskirche Anhalts ein Pastorinnengesetz in Kraft: »Die Pastorin ist Geistlicher im Sinne des Gesetzes«. Auch die Evangelische Kirche der Pfalz und die lutherische Kirche in Lübeck verabschiedeten entsprechende Gesetze.

Eine völlige Gleichstellung war das nicht; Pastorinnen wurden schlechter bezahlt und in ihrem Lebenswandel strenger kontrolliert. Die Evangelische Kirche der DDR bezahlte männliche und weibliche Geistliche von 1962 an gleich, verheiratete Pfarrerinnen waren von 1974 an zugelassen. In den westdeutschen Landeskirchen setzte sich die Frauenordination allmählich durch. In der Evangelischen Kirche in Hessen und Nassau gab es 1959 die erste

Gemeindepfarrerin, gleichgestellt waren Pfarrerin und Pfarrer erst von 1970 an.

Die Badische Landeskirche ließ die Amtsbezeichnung Pfarrerin 1962 zu, 1968 folgte die württembergische Landeskirche. Die Hannoversche und Nordelbische Kirche zog 1978 nach. Das Pfarrergesetz der VELKD, das für lutherische Kirchen maßgeblich ist, regelte 1978 in Paragraf 5: »In das Dienstverhältnis als Pfarrer können Männer und Frauen berufen werden, die die Anstellungsfähigkeit erworben haben und ordiniert sind.« Die Bayerische Landeskirche machte 1975 mit dem Beschluss der legendären Synodalsitzung in Rummelsberg Frauen den Weg frei, Schaumburg-Lippe erst 1991.

Die Kirche in Deutschland fügte sich damit in eine weltweite Entwicklung: In Schweden wurde 1960 die erste Frau ordiniert, der Ökumenische Weltrat der Kirchen votierte 1968 bei seiner Generalversammlung in Uppsala emanzipatorisch.

Die anglikanische Kirche tendierte uneinheitlich, in den USA und Kanada wurden in den 1970er Jahren Pfarrerinnen möglich. Die Church of England tat sich schwerer und ordinierte Frauen erst 1994, die erste Bischöfin kam 2015 ins Amt.

Weder die römisch-katholische noch die orthodoxen Kirchen weihen Frauen. Die Altkatholiken unterstützten in den 1970er Jahren die römische Erklärung »Inter insigniores«, in den 1980er Jahren drehte sich die Mehrheit. Drei Synoden (1989, 1991, 1994) sprachen sich für die Frauenordination aus, 1996 befand eine alt-katholische Konsultation »dass keine zwingenden dogmatisch-theologischen Gründe vorliegen, dass Frauen nicht zum priesterlichen Dienst geweiht werden«. In Deutschland wurden die ersten beiden altkatholischen Priesterinnen im selben Jahr geweiht. Angela Berlis, eine von ihnen, zieht 2007 in der Zeitschrift des Evangelischen Bundes eine bemerkenswerte Bilanz: »Man teile zwar die

katholische Ämtertheologie, aber mit der Einführung der Frauenordination sei in der alt-katholischen Kirche und in allen anderen
Kirchen, die den gleichen Schritt vollzogen haben, verdeutlicht,
»dass die Taufe tatsächlich die Grundvoraussetzung für den Empfang aller weiteren Sakramente ist. Die Geschlechtergrenzen sind
damit überstiegen.«

Tatsächlich verlief die Entwicklung nicht so linear, wie sie sich in
dieser knappen Übersicht liest. Es gab immer wieder Rückschläge,
Proteste oder zumindest Vorbehalte. Vom Beffchen bis zum Zöli-
batsverzicht musste alles erstritten werden. Jede Entscheidung für
die Frauen hinterließ Enttäuschte und Versehrte. Aus der anglikanischen Kirche traten aus Protest gegen die neumodische Geschlechtergerechtigkeit so viele aus, dass Papst Benedikt XVI. ihnen 2011
Asyl gewährte. Er schuf ein Personalordinariat namens »Our Lady
of Walsingham«, dort werden anglikanische Traditionen beibehal-
ten, Oberhaupt ist jedoch der Papst. Nach Angaben des »Osservatore Romano« wechselten rund 8000 Gläubige in Großbritannien,
den USA und Australien in die priesterinnenfreie Zone. Benedikt
schrieb seiner Lady auch nach seinem Amtsverzicht warmherzige
Briefe. Wie viele Frauen Ladys wurden, führte der »L'Osservatore«
nicht näher aus.

Verbotsgelüste und Vorbehalte sind keine rein römisch-katholischen Befindlichkeiten. Bedenken gegenüber Pfarrerinnen schlu-
gen sich noch lange im Dienstrecht der evangelischen Kirche in
Deutschland nieder. Der Veto-Paragraf erlaubte dem Herrn Pfarrer
die Zusammenarbeit mit einer Kollegin »aus Gewissensgründen«
zu verweigern. Auch katholische Amtsbrüder konnten sich darauf
berufen. »Dieser Vetoparagraf verschattete unsere Arbeit eine lange
Zeit«, bilanziert Brigitte Enzner-Probst in ihrem Beitrag zum Buch
»Unser Pfarrer ist eine Frau.« Der Paragraf galt in einigen Landes-

kirchen, etwa der Bayerischen, bis weit in die 1990er Jahre. Da war wiederum im Norden längst die erste Bischöfin – Maria Jepsen in Hamburg – ordiniert.

Laut aktueller EKD-Statistik (Stichjahr 2009) liegt der Frauenanteil bei den Vollzeit-Stellen für Theologinnen im Gemeindedienst bei gut 23 Prozent, in Teilzeitstellen bei rund 60 Prozent. Die Zahl der Theologiestudierenden insgesamt sinkt, noch dramatischer sinkt das männliche Interesse am Pfarrberuf. Ganz gleichgezogen hat Frau Pfarrerin nicht, und das nicht nur, weil sie lieber Teilzeit wählt. Gibt sie sich betont weiblich mit Nagellack und Pumps löst das die Frage aus, ob sie und ihre Gemeinde sich auf die Schrift konzentrieren könnten. Trägt sie Lutherrock, macht sie eine auf Kerl. Lässt sie sich einen taillierten Talar schneidern, spotten Kollegen übers »Kleine Schwarze«.

Das sind Kleinigkeiten gemessen an der Grundsatzdiskussion der 50er und 60er Jahre. Recht offen gab der frühere Landesbischof Hermann Dietzfelbinger in seinen 1984 veröffentlichten Memoiren zu, die Frauenordination als Niederlage empfunden zu haben. Er war nach der Rummelsberger Synode zurückgetreten. Seiner Ansicht nach widersprach die Öffnung des Amtes der Schöpfungsordnung. Auch Luther wurde gern ins Feld geführt: Der habe zwar vom Priestertum für alle gesprochen, nicht jedoch vom Pfarramt für alle. Die evangelische Stadtdekanin Barbara Kittelberger, Mitte der 70er Jahre noch Theologiestudentin mit ungewisser Pfarrhausperspektive, beschrieb in einem Gespräch mit der »Süddeutschen Zeitung« die damalige Gemüts- und Gefechtslage: »Pfarrerin war für mich der schönste Beruf, den ich auch heute wieder wählen würde. Dass das auch klappen würde, war aber anfangs noch nicht klar. … Es hing an dem damaligen Landesbischof. Hermann Dietzfelbinger sagte, er könne aus Gewissensgründen nicht zulassen, dass Frauen ordiniert würden. Aber wir wussten natürlich, irgendwann wird seine Amtszeit enden, und es war klar, dass dann eine neue Zeit beginnen würde.«

Dietzfelbingers Nachfolger Johannes Friedrich bat 2010 bei einem Kongress des Theologinnenkonvents um Vergebung für die Ungleichbehandlung von Frauen. Der Glaube gebiete »eigentlich« den gleichen Wert und »die gleichen Möglichkeiten«. Viele Pfarrerinnen der ersten Stunde berichten davon, dass ihnen die Gleichheit als Makel ausgelegt wurde. »Wie ein Mann«, das war nicht immer ein Kompliment. Die Angst vor der »Vermännlichung« durchzieht auch die Wortmeldungen des katholischen Lehramts. Die Geschlechtergrenze wirkt über Konfessionsgrenzen hinweg. Die Argumente gegen die Frauenweihe unterscheiden sich – sieht man von der Berufung auf göttliches Recht ab – kaum von der gegen die Ordination.

In den Antworten auf die Geschlechterfrage zeigt sich ganz grundsätzlich die Antwort auf die Moderne und Postmoderne. Pauschal gesagt, haben viele evangelische Kirchen – längst nicht alle – moderne und postmoderne Entwicklungen absorbiert, wohingegen sich die katholische Kirche viele Jahrzehnte lang als Bollwerk in Szene setzte, das die Moderne erst gnädig zur Kenntnis nahm, als die Postmoderne schon begonnen hatte.

In den 1980er Jahren brachen die kommunistischen Regime zusammen; damit war zwar nicht das Ende der Geschichte gekommen, wie Francis Fukuyama spekulierte, aber zumindest war nach dem Faschismus wieder einer der weltbewegenden »Ismen« diskreditiert. Die Neue Mitte wurde zum Sehnsuchtsort politischer Bestrebungen.

Die Entspannung im Sinne einer Ent-Ideologisierung währte nur kurz. Heutige Auseinandersetzungen kreisen um Identitätsfragen, um religiöse, sexuelle, nationale Selbstvergewisserung. Von »Identitätsideologien« sprechen einige Politikwissenschafter. In diesen Sog ist die »Frauenfrage« geraten. Wer erwartet hatte, Pfarrerinnen würden eines Tages selbstverständlich sein, die Vorbehalte wüchsen sich heraus, wenn die alten Männer mit ihren altmodischen Theologien im Ruhestand seien, sieht sich getäuscht.

Laut Angaben des Lutherischen Weltbunds gibt es in 115 der 145 evangelisch-lutherischen Kirchen weltweit die Frauenordination. Die Mitglieder sind nicht verpflichtet, Pfarrerinnen zu akzeptieren, es gilt jedoch als wünschenswert. Beim Besuch von Papst Franziskus am Reformationstag 2016 im schwedischen Lund war der Weltbund durch seinen Präsidenten Martin Junge und durch die lutherische Erzbischöfin Antje Jackelén vertreten. Die katholische Kirche sah dagegen alt und ausschließlich männlich aus.

Doch die Re-Ideologisierung der Geschlechterfrage hat auch die evangelische Kirche erreicht. Einerseits veröffentlicht die EKD avancierte Papiere, die Studienzentren für Genderfragen erarbeitet haben, andererseits sehen sich andere protestantische Gemeinschaften schon mit der Gleichstellung von Frauen überfordert.

Beispielhaft ist hier die deutsche Selbständige Evangelisch-Lutherische Kirche (SELK), eine Freikirche. Sie veröffentlichte 2000 eine Art Manifest zur Frauenordination. Aufgeführt werden vier Contra-Argumente: 1. Die Ordination von Frauen zum Amt der Kirche widerspricht dem gesamtbiblischen Zeugnis. 2. Die Ordination von Frauen zum Amt der Kirche widerspricht der überwiegenden Tradition in der Christenheit. 3. Die Ordination von Frauen zum Amt der Kirche darf nicht mit zeitgenössischen Wandlungen der gesellschaftlichen Verhältnisse begründet werden. 4. Die Ordination von Frauen zum Amt der Kirche ist kein Adiaphoron (Mittelding), das der Ordnung durch die Kirche überlassen sei.

Demgegenüber stehen drei Pro-Argumente: 1. Der biblische Befund ergibt nichts oder nichts Aussagekräftiges gegen die Ordination von Frauen zum Amt der Kirche. 2. Der Wandel der geschichtlichen Verhältnisse ließ und lässt auch die Gestalt des kirchlichen Amtes nicht unberührt. 3. Die Gestaltung des Amts der Kirche in der Gegenwart ist als Ordnungsfrage der Vollmacht der Kirche überlassen.

Der Autor des Papiers beteuert, es gehe allein um die biblische Grundlage. Doch da steht Aussage gegen Aussage. Tatsächlich kristallisiert sich der dritte Punkt als entscheidend heraus: Das Verhältnis zwischen Kirche und Gesellschaft, Kirche und Welt. Frauenordination gilt als Anliegen, das von außen – von Feministinnen – an die Kirche herangetragen wird. Anpassung an den Zeitgeist gilt als Verrat, Anti-Feministen fühlen sich als Widerstandskämpfer.

Vor dem Hintergrund dieses grundsätzlichen Konflikts lässt sich verstehen, warum das Votum der evangelisch-lutherischen Kirche Lettlands so stark beachtet wurde. Die Ordination oblag in Lettland der Entscheidung des jeweiligen Erzbischofs. Da nur zwei Erzbischöfe dazu bereit waren, wurden nur zwischen 1969 bis 1983 und zwischen 1989 und 1993 Frauen ordiniert. Konservative Pfarrer drohten damals mit Spaltung. Im Sommer 2016 machte die Synode in Riga offiziell, was längst Praxis war: Sie sagte Nein zur Frauenordination, mit 201 von 282 Stimmen. Die konservative Mehrheit bemühte in ihrer Argumentation einschlägige Bibelstellen zur Auswahl der Jünger und zum Predigtverbot. Neben theologischen Überlegungen geisterte wieder das »Wesen der Frau« durch den Raum. Zu schwach sei sie für ein so schweres Amt, sagte ein Teilnehmer.

Der deutsche Auslandspastor Markus Schoch gehörte zur männlichen Minderheit, die sich ein anderes Ergebnis gewünscht hätte.

Er schilderte im Bayerischen Rundfunk plastisch seine Eindrücke von der Synode: »Als die Ergebnisse der Wahl bekannt gegeben wurden, war ein großer Jubel im Dom, es ist Beifall aufgebrandet, Halleluja-Rufe, Menschen sind sich in den Armen gelegen wie nach einem Fußballsieg!«

Da würde ein früherer bayerischer Landesbischof mutmaßlich mitjubeln, jetzt ist die »Niederlage« verwunden. »The winner takes it all«, die Weiber gehen leer aus. Der wahre Glaube stand auf dem Spiel. Pfarrer Markus Schoch sieht darin allerdings weniger einen Sieg der Wahrheit als eine »Wagenburgmentalität« der lettischen Kirche.

Andere Beobachter sprechen von einem anti-westlichen Impuls. Die Theologieprofessorin Dace Balode aus Riga analysierte unter der Überschrift »Der Grund ist Angst« kurz nach dem Synodenbeschluss auf dem Portal »evangelisch.de« die politischen Hintergründe: »Nach der politischen Wende Anfang der 90er Jahre, wurden für viele die Veränderungen, plötzliche Pluralität der Meinungen und Lebensstile fast unerträglich, die Kirche verschloss sich von neuem, diesmal gegenüber den Einflüssen der einst so hoch geschätzten westlichen Kultur. Ironischerweise betrachtete sie zum Teil solche Denkweise und Strukturen, woran sie selbst in der Okkupationszeit gelitten hatte, jetzt als Teil ihrer Identität, zum Beispiel Schwarz-Weiß-Denken, eine hohe Bedeutung der Autorität, Angst vor Demokratie und vor Freiheit des Wortes innerhalb der Kirche.«

Der Kommunismus taugt nicht mehr zum Feindbild, der westliche Liberalismus löst ihn ab. Die Entschiedenheit, sich nicht der »Freiheitsideologie« und dem Relativismus beugen zu wollen, kennen wir aus der römisch-katholischen Weltkirche, genauer gesagt: der Weltflucht-Kirche. Diese Ökumene gegen die Frauen geht bis in die Äußerlichkeiten: Lutherische Pastoren übernehmen gern die Amtskleidung ihrer katholischen Macho-Brüder. Und Frauen tragen in den Gottesdiensten wieder Kopftuch.

Fröhliche Weihmacht überall

Die 23-jährige Ordensfrau Thérèse schreibt an ihre Schwester Marie:»Ich fühle mich zum Priester berufen. O Jesus, mit welcher Liebe würde ich Dich in Händen halten! Mit welcher Liebe würde ich Dich den Gläubigen geben! Trotz meiner Kleinheit möchte ich den Menschen Licht bringen, wie die Propheten und Kirchenlehrer es taten. Ich fühle mich zum Apostel berufen. Ich wollte um die Welt reisen, um Deinen Namen zu verkünden.« Ein Jahr später leidet Thérèse an Tuberkulose. Der Traum, Priester zu werden, ist so unheilbar wie die Krankheit. Den Tod vor Augen soll sie nach Auskunft ihrer Schwester gesagt haben:»Der liebe Gott ist im Begriff, mich in einem Alter zu sich zu nehmen, da ich noch nicht die Zeit gehabt hätte, Priester zu sein… Wenn ich hätte Priester werden können, hätte ich in diesem Juni die heiligen Weihen empfangen. Was tat also Gott? Damit ich nicht enttäuscht würde, ließ er mich krank werden. Auf diese Weise konnte ich nicht dabei sein, und ich sterbe, bevor ich mein Amt ausüben könnte.«

Es ist Ende des 19. Jahrhunderts, als Marie Françoise Thérèse Martin ihre Berufung beim Namen nennt. Eine bewegte Frau. Die Juwelierstochter ist gegen den Willen des Vaters als 15-Jährige in ein Karmel eingetreten. Gut ein halbes Jahrhundert später wird Simone de Beauvoirs epochales Buch »Das andere Geschlecht« erscheinen. Aber noch schwärmt in Frankreich niemand von Feminismus und Existenzialismus. Im Vatikan waltet Papst Leo XIII., Verfasser der ersten Sozialenzyklika »Rerum Novarum«. In der Bulle »Apostolicae curae« von 1896 erklärt er die Weihe von Diakonen, Bischöfen und Priestern in den Anglikanischen Kirchen für ungültig. Fragen der Frauenweihe scheinen im Jahr, als Thérèse ihren Brief schreibt, weit weg. Allein sieben Enzykliken widmet der Marienverehrer Leo dem Rosenkranz. Im Rundschreiben »Arcanum divinae sapientiae« ermahnt er aufmüpfige Gattinnen und verhaltensunsichere Männer: »Der Mann ist der Herr in der Familie und das Haupt der Frau. Sie aber, da sie Fleisch von seinem Fleisch und Bein von seinem Bein ist, soll dem Manne untertan sein und gehorchen…« Dem kirchlichen und weltlichen Zeitgeist entspringt Thérèses Herzenswunsch nicht. Vor dem Heiligen Geist hat sie kein schlechtes Gewissen. Jesus ist der Bräutigam, sie die Braut. Eine keusch-erotische Liebe verbindet dieses Paar. So legt es ihre Autobiografie »Geschichte einer Seele« nahe.

1925 spricht Papst Pius XI. die Karmeliterin heilig. Benannt wird sie nach dem Ort ihres Karmels in der Normandie. Ausgerechnet Johannes Paul II. erhebt Thérèse von Lisieux im Oktober 1997 in den Stand einer Kirchenlehrerin. Nicht wegen ihrer Priesterinnen-Träume – derartiges hatte er 1994 unterbunden –, er preist in dem lesenswerten Apostolischen Schreiben »Divini Amoris Scientia« ihr tiefes Gottvertrauen, ihren unverkennbaren Stil. Mehrfach betont er, sie sei eins mit der Lehre der Kirche. Auf »Lichtblitze der Lehre« reduziert er es ehrlicherweise an anderer Stelle. Thérèse ging im Karmel den kleinen Weg der geistlichen Kindschaft, sie wäre gern einen anderen gegangen. Johannes Paul II. attestierte ihr eine »apostolische und missionarische Berufung«. Und das, obwohl Frauen gemäß der Lehre der Glaubenskongregation keine echte apostolische Berufung ereilen kann.

Verstorbene Frauen mit apostolischer Berufung und amtlichen Ambitionen können es weit bringen in Rom. Lebende katapultiert es weit hinaus.

Papst Johannes Paul II. ließ sich feiern für seinen Kampf gegen den Kommunismus. Er ist der Papst des Mauerfalls, er riss den Eisernen Vorhang mit herunter. Weniger bekannt ist, was hinter dem Vorhang geschah. Die tschechische Untergrundkirche machte in der Zeit des Kalten Krieges Frauen und Verheiratete zu Priesterinnen und Priestern. Felix Davídek, geheimer Bischof der tschechischen Untergrundkirche, weihte 1970 nach einer Synode seine Mitarbeiterin Ludmilla Javorová zur Priesterin und ernannte sie zur Generalvikarin. Wer dabei war oder davon wusste, musste Stillschweigen bewahren. Das Hauptanliegen war, die Seelsorge unter schwierigsten Bedingungen zu sichern. Weder Romkritik noch Feminismus spielten eine große Rolle. Ludmilla Javorová schildert ihre Beweggründe in einem Gespräch mit dem Netzwerk »Roman Catholic Womanpriest« (RCWP): »In unserem Kreis um Bischof Davídek ist die Frage der Frauenordination aber positiv diskutiert worden, und so ist es dann bald zu den ersten Weihen von Frauen zu Priesterinnen gekommen, darunter auch zu meiner Weihe. Einer der Hauptgründe dafür war, dass in den Frauengefängnissen schon Klosterschwestern und andere Inhaftierte gestorben waren, ohne priesterlichen Beistand oder die Sakramente empfangen zu haben. Uns war aber auch klar, dass eine Frau überhaupt besser auf die Probleme von Frauen eingehen könne als ein Mann, denken Sie nur an die Beichte.«

Erst nach der Wende wurden die Untergrund-Aktionen bekannt. Ludmilla Javorová bekam 1996 Post aus dem Vatikan. Ihre Weihe sei ungültig, sie dürfe ihre Tätigkeit nicht mehr ausüben. Bei Zuwiderhandlung folge die Exkommunikation. Die Weihen der Männer der Untergrundkirche galten hingegen nicht prinzipiell als ungültig. Wie Maria Angelika Fromm in dem Buch »Unser Pfarrer ist eine Frau« nach einem Besuch bei Javorová in Brünn schildert, hat sich die Katholikin dem Wunsch des Vatikans gefügt. Sie habe die »Demütigungen souverän hingenommen«, schreibt Fromm. Der Vatikan wolle um jeden Preis seine Macht erhalten, es sei jedoch eine Macht, die eher auf Schwäche basiert als auf Kraft. Für ihren Grabstein wünscht sich Javorová den Zusatz »römisch-katholische Priesterin«. Einen Text, »den niemand mehr löschen kann«. Der Bischof, der sie weihte, wurde später für geisteskrank erklärt.

Am 29. Juni 2002 wählten sieben Frauen, darunter auch verheiratete, einen anderen Weg. Nicht heimlich, sondern öffentlichkeitswirksam demonstrierten sie, wie die Weihe auf dafür nicht vorgesehene Geschöpfe wirkt. Die »Danube Seven« sind Pia Brunner, Gisela Forster, Christine Mayr-Lumetzberger, Iris Müller, Ida Raming, Adelinde Theresia Roitinger und Angela White.

Sie haben Jahrzehnte der Debatte und Debattenverweigerung hinter sich. Zur Erinnerung: Ida Ramings theologische Doktorarbeit ist 1973 als Buch erschienen. 29 Jahre später, am Fest des Heiligen Peter und Paul, dem Namenstag des Papstes, ist ihre Geduld aufgebraucht. Sie wollen sich freischwimmen, nachdem sie mit ihren Argumenten und Forschungsergebnissen gestrandet sind. Den Sieben ist bewusst, dass sie damit gegen das Recht und die Lehrmeinung der Kirche verstoßen. Strafbar ist laut Kirchenrecht die Vortäuschung einer Sakramentenspendung. Den Frauen erscheint der Verstoß gegen can. 1379 und can. 1024 als Notwehr gegen eine »schwere Missachtung der Personen- bzw. Menschenwürde der Frau und ihrer christlichen Existenz«.

Zelebrant ist Romulo Antonio Braschi aus Argentinien, ein ehemaliger katholischer Priester, der sich Bischof der »Katholisch-Apostolischen Charismatischen Kirche Jesus König« nennt. Wer eine neue Kirche gründet, kommt ebenfalls mit dem Kirchenrecht in Konflikt.

Die unverheirateten Weihe-Kandidatinnen erfüllen formal die Anforderungen einer Amtsanwartschaft: Sie sind getauft, theologisch gebildet, einige wurden promoviert. Ihre Berufung hat vielen Anfechtungen standgehalten, einer kirchlichen Prüfung wurde sie nicht unterzogen. Die Zeremonie entspricht formal fast dem Vorbild. Die »Danube Seven« sprechen denselben Text wie ihre männlichen Kollegen. Mit einem Unterschied: Sie verzichten auf das Gehorsamsversprechen gegenüber dem Ortsbischof. Ida Raming begründet diese Abwandlung in ihrem Buch über römisch-katholische Priesterinnen mit dem »Unheil«, das dieses Versprechen der Kleriker über die Kirche gebracht habe.

Wer bei der Zeremonie dabei sein will, muss ein Schiffsticket lösen. 100 Euro kostet die Karte. Das Thema Frauenweihe riecht zu Beginn des neuen Jahrtausends abgestanden. Das Konzil ist lange her, mehr als eine Frauen-Generation ist darüber ergraut, wohlwollende Journalistinnen eingeschlossen. Die Aktion auf dem Donauschiff färbt das Graue bunt. Kamerateams filmen, als sich die Frauen mit ihren farbigen Stolen und weißen Gewändern während der Allerheiligenlitanei bäuchlings auf den Boden werfen. Fotografen halten den Moment fest, in dem die Gewänder nach oben rutschen und ein Stück Bein samt Socken in Gesundheitsschuhen sichtbar wird. Im Bauch der MS Passau sitzen normalerweise Ausflügler, trinken Bier und essen Würstchen. An jenem Sommertag dienen zusammengeschobene Tische aus Eichenholzfurnier als Altar. Die Journalisten stellen viele freundliche Fragen, auf dem Schiff und danach während der Pressekonferenz in einer Autobahnraststätte nahe der deutsch-österreichischen Grenze.

Ihre Reportagen landen meist auf den Panorama-Seiten der Zeitungen, zwischen Nachrichten von den Royals und skurrilen amerikanischen Studien. Der Sprecher des Erzbistums München bezeichnet die Weihe als »absurdes Theater« und als Sektenspektakel. Auch die Initiative »Kirche von unten« geht wegen Zweifeln an der Seriosität des Settings auf Distanz, trotz gemeinsamen Kampfs für die Frauenordination.

Die österreichische Bischofskonferenz erklärt sogleich, dass sie den Tatbestand einer vorgetäuschten Weihehandlung für gegeben hält. Ein Sakraments-Imitat, ein Priesteramt aus Eichenholzfurnier. Die Kandidatinnen haben eine weltliche Beglaubigungsinstanz hinzugebeten, einen Notar. Geschehen ist also etwas. Nach dem Ritual bescheinigen die Frauen, was ihnen kein Jurist attestieren kann und kein Kleriker attestieren will: Die Weihe wirkt doch auf weibliche Wesen. »Wir sind jetzt römisch-katholische Priesterinnen«, sagt Gisela Forster, die »strahlende Organisatorin«, wie die »Augsburger Allgemeine« vermerkt.

Die Medien nehmen die Zeremonie dankbar wahr, aber nicht ernst. Sie beschreiben ein Event, keine Revolution. Der Vatikan reagiert so, wie es die Frauen erwartet haben. Am 10. Juli verlangt die Glaubenskongregation, die Sieben sollten Reue zeigen. Sie hätten sich der Simulation des Weihesakraments schuldig gemacht, der Bischof sei ein Schismatiker, das gesamte Tun verstoße gegen die Lehre und gegen die göttliche Verfassung der Kirche. Der Vorgang schade zudem der »rechten Förderung der Frau«. Die so Gewarnten schreiben am Tag darauf einen Brief an den Papst und bieten an, die Weihe von einem Bischof vornehmen zu lassen, den der Präfekt der Glaubenskongregation anerkennt. Joseph Ratzinger, den Präfekten, wiederum lassen sie wissen, dass sie zu einem Widerruf nicht bereit sind.

Am 5. August stellt die Glaubenskongregation per Dekret die Exkommunikation der Priesterinnen fest, einige Monate später erklärte sie detaillierter die Vergehen. Diese seien zum einen schismatischer, zum anderen »lehrmäßiger Natur«. Die Frauen leugneten »formell und hartnäckig die Lehre, die von der Kirche immer gelehrt und gelebt und von Johannes Paul II. in endgültiger Weise vorgelegt wurde, dass nämlich die Kirche keinerlei Vollmacht hat, Frauen die Priesterweihe zu spenden« (Apostolisches Schreiben Ordinatio sacerdotalis, Nr. 4). Die Leugnung dieser Lehre ist als Ablehnung einer Wahrheit, die zum katholischen Glauben gehört, zu qualifizieren und verdient deshalb eine gerechte Strafe«.

Die Exkommunikationserklärung ist bis heute auf der Homepage des Vatikans nachzulesen, die Hoffnung der Verfasser, die Bestraften würden »von der Gnade des Heiligen Geistes erleuchtet« den Weg zurückfinden in die Una Sancta, hat sich bis heute nicht erfüllt. Die Glaubenskongregation legt im Dezember 2002 ein weiteres Dekret nach. Die Kirchenrechtlerin Sabine Demel analysiert das Vorgehen in ihrem Buch über das kirchliche Amt ausführlich und konterkariert damit den medial erzeugten Eindruck, es habe sich lediglich um Sakral-Fasching auf dem Schiff gehandelt.

Was sich auch Nicht-Kirchenjuristinnen und -Juristen erschließt: Die Strafe ist hart. Die Kirche greift zum Höchstmaß, lässt Dekret auf Dekret folgen. Exkommunikation meint zwar Absonderung und nicht Aussonderung, ein Sinneswandel könnte die »Straftäterinnen« wieder eingliedern. Der ist jedoch nicht zu erwarten. Priester, die Kinder nachgewiesenermaßen sexuell missbraucht haben, werden nicht automatisch exkommuniziert. Frauen, die sich zu Priesterinnen weihen lassen, schon.

»Eine absurde Aktion, eine absurde Reaktion«, kommentiert die »Süddeutsche Zeitung«. »Wenn die Kirche so weitermacht, hat sie bald keinen mehr, den sie rauswerfen kann«, spottet Priesterin Gisela Forster Anfang Januar 2003 in einem Interview. Die geweihten Frauen lassen Humor aufblitzen. Fröhliche Weihnacht, wenn auch ohne Macht. Ihre hochhierarchischen Gegner kosten ihre Vollmacht aus. Fröhlich zeigen sie sich selten.

Die Priesterinnen sind buchbar für Messfeiern, Hochzeiten und Beerdigungen. Sakramente zu spenden hat ihnen die Glaubenskongregation untersagt. Die Handlungen sind laut Vatikan »nichtig und ungültig«. Die Priesterinnen veröffentlichen Fotostrecken ihres sakramentalen Tuns. Was gilt und was wirkt, entscheiden ihre Gläubigen, nicht die Glaubenskongregation.

In den Jahren nach der Donau-Aktion finden Priesterinnenweihen in verschiedenen Ländern statt. Von 200 Frauen, die sich auf die Weihe vorbereiten, schreibt der »Spiegel« 2006. 160 Priesterinnen zählte Ida Raming im Jahr 2013, von 250 weltweit spricht sie Anfang 2017, vor allem in den USA wird contra legem geweiht. Der Abschreckungseffekt vatikanischer Ermahnungen und Strafen nutzt sich ab, die Priesterinnenprovokation verliert medial ihren Reiz, je häufiger sie wiederholt wird.

Christine Mayr-Lumetzberger, Gisela Forster und zuletzt Ida Raming steigen einige Jahre später zu Bischöfinnen auf, 2004 walten Mayr-Lumetzberger und Forster ihres Amtes und weihen Diakoninnen; 2006 kreuzt wieder ein Schiff mit werdenden Priesterinnen an Bord, diesmal auf dem Bodensee. Die Schweizerin Monika Wyss, die Deutsch-Amerikanerin Regina Nicolosi und die Amerikanerin Jane Via sind die Kandidatinnen. »Liebe Bischöfinnen, liebe Gemeinde, die heilige Kirche bittet euch, dass diese Schwestern zu Priesterinnen geweiht werden.« Mit diesen Worten eröffnet der Zelebrant, ein ehemaliger katholischer Pfarrer aus Kalifornien, die Zeremonie. Anders als 2002 knüpfen die Organisatorinnen nicht mehr an die traditionelle Liturgie an, sondern entwickelten einen eigenen Ritus. Dazu gehört, dass Zeugen die Berufung beglaubigen: »Ich empfehle meine Frau ohne Einschränkung für das Priesteramt«, erklärt der Ehemann einer Kandidatin.

Die meisten Medien sortieren diese Schifffahrt als Spektakel nahe am Laientheater ein. Die Aktion schlägt kirchenpolitisch kaum Wellen, die *Danube Seven* gelten je nach Perspektive als Vor- oder Schreckbild. Die Drei vom Bodensee erreichen diesen Status nicht mehr. Konservative Kreise machen sich lustig über die »steile Karriere« der »Damen«. Dieselben, die vor roten Papstschuhen und zipfelmützenähnlicher Winteroberbekleidung des Oberhauptes in die Knie gehen, bespötteln den »Karneval« der Kirchenkritikerinnen. Der Unterzeichner des Exkommunikationserlasses von 2002 ist 2006 Papst. Qua Amt ein Pontifex, ein Brückenbauer. Bei seiner Fahrt auf einem Rheinschiff anlässlich des Weltjugendtages in Köln anno 2005 jubeln ihm die Massen zu, junge Frauen rufen »Benedetto«. Er schafft es auf die ersten Seiten der Zeitungen, die Bodenseepriesterinnen landen in den Randspalten. Eine Ausnahme macht das Nachrichtenmagazin »Der Spiegel«. Dessen Reporter fragt angesichts der Priesterinnenweihe, wer tatsächlich komisch sei: die Frauen oder die Kirche. Die Frauen, so sein Fazit, sind es nicht. Ihnen bleibe kein anderer Weg als der des klerikalen Ungehorsams. Wer keine Brücke schlagen und nicht jesusgleich übers Wasser wandeln kann, muss es mit einem Schiff versuchen. Auch wenn Pontifexe sagen, das sei der falsche Dampfer.

Die Bischöfinnen und Priesterinnen zeigen keine Bereitschaft zur Umkehr, der Vatikan sorgt deshalb vor: Die Glaubenskongregation verfügt 2007 in einem Dekret, dass sich jeder, »der einer Frau die heilige Weihe zu spenden, wie auch die Frau, welche die heilige Weihe zu empfangen versucht, die dem Apostolischen Stuhl vorbehaltene Exkommunikation latae sententiae« zuzieht. Damit ist eine Tatstrafe gegeben. Anders als bei einer Spruchstrafe, muss nicht der

Einzelfall geprüft werden. Die Fahr-Rinnen des »Schiffleins Petri«, wie Benedikt XVI. zu sagen pflegte, und der Bischöfinnen-Boote werden einander nicht mehr kreuzen.

Das Dekret kühlt eines der heißen Eisen auf Eisblocktemperatur herunter. Auf dass es niemand mehr anfasse. Die Ansagen aus Rom sind konsequent, klar bis klirrend. Das Kirchenrecht wird bemüht, die Lehre, die Tradition; die Papiere strotzen vor Paragrafen und Hinaus-Jäger-Latein. Einige Jahre – und einige Skandale – später fällt die schneidende Schärfe erst recht auf. Missbrauchstätern wird mehr Milde zuteil. Der Luxusliner, auf dem Franz-Peter Tebartz-van Elst unterwegs ist, darf lange unkontrolliert umherschippern. Der Name Simone de Beauvoir löst in Rom Allergien aus. Ich zitiere sie an dieser Stelle trotzdem und gerade deswegen. Die Päpstin des Existenzialismus schreibt in der Einleitung ihrer feministischen Enzyklika »Das andere Geschlecht«: »Das Handeln der Frauen ist immer nur symbolisches Agieren. Sie haben nur das erreicht, was die Männer ihnen zugestehen wollten. Sie haben nichts genommen: Sie haben angenommen.« Die *Danube Seven* schlagen die Angebote des Lehramtes – werde Ordensfrau, Pastoralreferentin, Mutter – aus. Sie haben gegen das Kirchenrecht verstoßen, vor allem haben sie die Grundregel des Lehramtes missachtet, dass die Kirchenmänner das Sein und Sollen der Frau definieren. Sie haben sich etwas genommen anstatt etwas gönnerhaft Gewährtes anzunehmen. Darin besteht die eigentliche Tatstrafe.

Weltweit gibt es mehrere Organisationen, die sich für diesen verbotenen Weg entschieden haben. Schon 1975 gründete sich die Woman's Ordination Conference (WOC). Ida Raming ging einen Schritt weiter, nahm das Wort Priesterin in den Namen und nannte ihre Organisation »Roman catholic Womanpriests« (RCWP). Unterstützt wird das Anliegen in Deutschland auch von den Initiativen »Wir sind Kirche« und »Kirche von unten«. Mit der Aktion »Lila Stola« demonstrieren Befürworter der Frauenweihe, gern in katholischen Kernlanden wie Paderborn und Regensburg. Lila leuchteten die legendären Latzhosen der Frauenbewegung, lila tragen Priester als Zeichen der Buße und Reue.

Im Kirchenvolksbegehren von 1995 stand der Wunsch nach Geschwisterlichkeit ganz oben auf der To-do-Liste, die Diskussion wollten sich die Laien nicht verbieten lassen. 1,5 Millionen Katholikinnen und Katholiken unterzeichneten den Forderungskatalog. Auch die Amtskirche ahnte, dass das Thema wichtig sein könnte. Vor mehr als zwanzig Jahren, 1993, beauftragte die Deutsche Bischofskonferenz das Institut für Demoskopie Allensbach mit einer Umfrage. Demnach vermutet eine Mehrheit der Frauen unter 40 die katholische Kirche habe ein einseitiges Frauenbild. Festgelegt auf Unterordnung und Aufopferung. Insgesamt widerlegte die Datensammlung den Vorwurf, die Frauenfrage sei ein linkes Hobby. Sie treibt die Mitte der Kirche um.

Besser gesagt: Sie trieb. Dass Frauen unter 30 fehlen, stellte Allensbach schon 1993 fest. Die damals Jungen gehören heute zur mittleren Generation, übrig geblieben sind 45- bis 69-Jährige aus einem bestimmten, engen Mittel-Milieu, das sich nostalgisch, nachsichtig, pragmatisch mit der Kirche arrangiert hat. Heute signalisiert oder simuliert ein Papst mehr Bewegungsbereitschaft als Johannes Paul II., aber die Basis – meine Altersgruppe – ist kaum mobilisierbar. Still fließt die Donau, still schweigt das Kirchenvolk, das etwas begehren könnte.

»Erinnern Sie sich noch?« war 2012 ein Flyer der »Lila Stola« überschrieben. Eine berechtigte Frage. 2011 gründete sich unter dem Schlachtruf »Ungehorsam« eine Pfarrerinitiative in Österreich. Auch sie setzte sich für den vollen Zugang von Frauen zu

kirchlichen Ämtern ein. »Ist die Pfarrerinnitiative sanft einge-
schlafen?« wurde Begründer Helmut Schüller in einem Zeitungsinterview gefragt. Die Fragen seien für die Medien nicht attraktiv,
sagte Schüller, die Blicke der Journalisten gingen eher nach Rom zu
Franziskus als an die Basis.

Die RCWP und ihre Schwesterorganisationen wachsen weltweit,
versichern die Organisatorinnen. 2009, just als Benedikt XVI. die
Exkommunikation der Bischöfe der Piusbruderschaft aufgehoben
hatte, erklärte die RCWP: »Wir werden die Weihe unserer vier
neuen Bischöfinnen im Frühling feiern, wenn die Liebe alles grün
macht, nach dem langen Winter frisch zutage tritt.« Zur gleichen
Zeit erschien eine Petition Vaticanum II, Mitunterzeichnerinnen
waren Iris Müller und Ida Raming. Ihre Namen versahen sie mit
dem Zusatz »römisch-katholische Priesterinnen«. Die Kirche falle
hinter das Zweite Vatikanische Konzil zurück anstatt es zu voll-
enden, kritisierten sie. Der Journalist Patrick Bahners sah in seinem Kommentar in der *FAZ* eine »sanfte Diktatur« heraufziehen,
»wenn der Druck der Massen Bischöfinnen ins Amt brächte«.

Er braucht die sanfte Macht der Hildegard-von-Bingen-Schwes-
tern samt katholisch-kollektiver Kräuterteedruckbetankung nicht
zu fürchten. Den Druck der Massen und Massenmedien gibt es
nicht. Die »Zeit«-Beilage Christ&Welt fragte Anfang 2017 Engagierte beider Konfessionen, was ihnen in ihrer Kirche am meisten zu schaffen macht. Interessanterweise taucht bei den knapp
300 Katholikinnen und Katholiken, die sich meldeten, das Frauenthema allenfalls unter ferner liefen auf. Der Mangel an Ehrenamtlichen, die Überalterung der Gemeinden, die Sorge, marginalisiert
zu werden, all das rangiert weiter oben als »das Amtliche«.

Beim Kirchenvolksbegehren von 1995 führte die Geschwisterlichkeit die Wunschliste an, bei der Österreichischen Pfarrerini-

tiative ebenso. Im Januar 2017 verfassen Kölner Priester des Weihejahrgangs 1967 einen offenen Brief. Sie ziehen eine bittere Berufs-Bilanz: das Glaubensleben schwindet, die Managementaufgaben wachsen. Die Absender beschreiben sich schonungslos als alternde Ehelose. Versprochen hatten sie Enthaltsamkeit, sie bekamen Einsamkeit. Eine spirituelle Quelle in der Seelsorge setze der Zölibat selten frei. Man muss wohl über 70 sein, um als Priester solche Sätze der Öffentlichkeit zugänglich zu machen. Das gilt auch für eine weitere Forderung: »Es hat für uns keinen Sinn, den Heiligen Geist ständig um Berufungen zu bitten und gleichzeitig alle Frauen von diesen Ämtern auszuschließen.« Da mündet der Rhein bei Köln in die Donau, da bekommen Priesterinnen der »MS Passau« knapp 15 Jahre später ein wenig Amtshilfe aus der Domstadt. Sie freue sich über diese männliche Solidarität, sagt mir Ida Raming in einem Telefonat.

Die Frauenfrage wird regelmäßig reanimiert, ob aus Einsicht, Einsamkeit oder Erbarmen mit den Opfern des päpstlichen Patriarchats. Die Solidarität der Veränderungswilligen hat ihren Preis: Die Frauenfrage fällt in die Kategorie »Irgendwas mit Reform«. Sie reiht sich ein zwischen Abendmahl für alle und Zölibat für keinen. Die Forderungskataloge sind lang. Wie sagt Helmut Schüller von der österreichischen Pfarrerinitiative? »Resignation ist nicht mit der christlichen Ethik vereinbar.«

Iris Müller, eine der Sieben von der Donau, starb 2011 im Alter von 81 Jahren. In ihrem digitalen Nachruf auf der RCWP-Homepage firmiert sie als Priesterin. »So hat sie ihr Berufsziel erreicht«, steht da zu lesen. Bitter sind immer die anderen.

Schwesterlich mit Herz und Wand.
Eine Stimmensammlung

Wieder ein Tischgespräch mit einem Kirchenmann, diesmal ohne Kloster, Pfefferminztee und Käsebrot. Die Zeit sei günstig für Veränderungen, sagt er. Der Priestermangel, die großen Gemeinden, die leeren Gottesdienste, die Frustration der Haupt- und Ehrenamtlichen – all das könnten die Bischöfe nicht mehr aussitzen. Als Beweisstück für das Ende der Veränderungsresistenz zieht er das Ehe-Papier der Deutschen Bischofskonferenz aus der Tasche.

Wer die Kirche reformieren will, muss – anders als 1517 – den Papst stützen anstatt ihn zu stürzen. Der deutsche Episkopat wiederholt in dem Schreiben auf wenigen Seiten die zentralen Anliegen von »Amoris Laetitia« und lässt wiederverheiratete Geschiedene »in Einzelfällen« zu den Sakramenten zu. »Wer hätte eine solche Veränderung für möglich gehalten?«, fragt er. Dieses Denken müsse auch andere Bereiche erfassen.

Ich erzähle ihm von diesem Buch. »Kennen Sie Ida Raming?«, frage ich ihn. Er nickt. Was hält er von ihr? Er winkt ab. »Die will mit dem Kopf durch die Wand.« »Gut, dass sie einen eigenen Kopf hat«, sage ich, »das Problem ist doch nicht der Kopf, sondern die Wand.« »Das mag sein«, entgegnet er, »nur: man muss diplomatisch vorgehen, sonst erreicht man nichts. Diakoninnen und Viri probati wären ein Fortschritt.«

Verheiratete Männer als Priester und für Frauen etwas Eigenes – so lautet das Kampfziel derer, die nicht (mehr) kämpfen wollen. Ungefähr zur selben Zeit schreibt mir Ida Raming einen Brief.

Sie werde sich für die Weihe der Frauen einsetzen bis zum letzten Atemzug. »Wahrheit wird siegen!«, formuliert sie im Thesenanschlagsduktus. Ida Raming ist Jahrgang 1932. Gemeinsam mit der Schweizer Juristin Gertrud Heinzelmann hat sie in den 1960er Jahren Eingaben an die Konzilsväter gemacht, damit ein Wort wie Gleichberechtigung überhaupt den Vatikan erreicht.

Die 85-Jährige schickt mir regelmäßig Mails mit Buchhinweisen und Fundstellen aus der Kirchengeschichte. Auch das kann man als eine Art Eingabe verstehen, damit ihr Anliegen beim medialen Konzil nicht in Vergessenheit gerät. Seit der Priesterinnenweihe auf dem Donauschiff ist Ida Raming exkommuniziert. Die vatikanischen Reaktionen hat sie akribisch in ihren Büchern dokumentiert. Sie kehrt nicht, wie von der Glaubenskongregation gefordert, reumütig um und heim; in ihrer eigenen Wahrnehmung war sie nie weg. Sie ist Mitglied der katholischen Kirche und gehört dem Katholischen Deutschen Frauenbund Stuttgart an, erzählt sie; der Film über ihr Leben wird in kirchlichen Einrichtungen gezeigt. Eine Konversion hat sie nie ernsthaft erwogen. »Ich bin katholisch. Ich möchte die katholische Kirche reformieren«, erklärt sie.

Ihre eigene und andere weibliche Berufungsgeschichten hat sie in einem Buch gebündelt: »Gott sieht nicht auf das Geschlecht. Zeugnisse römisch-katholischer Frauen«. Das Titelbild provoziert Rechtgläubige mit einer Frau im Priestergewand bei der Eucharistie. »Dies ist mein Leib« mischt sich mit »Je ne regrette rien«.

Ida Raming wuchs in einem katholischen Milieu auf. Das heilige Theater am Altar fasziniert sie, zu Hause spielt sie mit anderen Kindern die Heilige Messe nach. »Gern übernahm ich bei diesen kindlichen Spielen die Priester-Funktion«, erinnert sie sich. Aus dem Spiel wird ein ernsthafter Berufswunsch, eine Berufung. »Religion ist das Wichtigste in meinem Leben«, sagt sie ihrem Religionslehrer. Der rät ihr zum Eintritt in einem Frauenorden. Ida Raming studiert – damals nicht selbstverständlich – Theologie und Germanistik auf Lehramt.

Als ein Kommilitone zum Priester geweiht wird, empfindet sie »Betroffenheit und Erregung«. Warum darf er und ich nicht?, fragt sie sich und andere. Im Studium hört sie als Antwort, die Frau habe ein »passives Wesen«. Sie leidet unter der Zurückweisung, wird ernstlich krank. Eine Freundin, die aus der evangelischen zur katholischen Kirche konvertierte Iris Müller, macht ihr klar: Nicht die Frauen, die eine Berufung verspüren, sollten sich dauernd rechtfertigen, die Kirche, die sie zurückweist, sei am Zuge. »Ihr persönliches Zeugnis empfand ich als für mich bedeutsam und befreiend. Aufgrund meiner persönlichen Vorgeschichte erkannte ich den Priesterinnenberuf als meinen eigenen, im Grunde lange gesuchten.« Ida Raming widmet sich der Weihe zunächst wissenschaftlich. Sie wird mit einer Arbeit über die Frauenweihe promoviert, eine Chance auf eine Hochschullaufbahn als Theologin hat sie nicht.

Ich habe schon einige Priester porträtiert. Die meisten beschreiben Berufung als einen langen Prozess. Manche – jüngere – erzählen von einer klar datierbaren Begegnung mit Jesus. Viele eifern einem Pfarrer nach, der sie begeistert hat. Einige – jüngere – wollen es gerade anders machen als der Geistliche ihrer Gemeinde, noch dazu, wenn unter dessen Gewand Jeans und Turnschuhe hervorlugten. Liturgie verstehen sie als Protest gegen das vermeintliche Linkspießertum der Konzilsbewegten. Die Außenseiterrolle heutiger Priester deuten sie zum unbürgerlichen Lebensentwurf um. Ob Prozess oder Jesus-Event, Protest oder Nacheifern: Standardberufungen gibt es nicht. Die Geschichten der Frauen unterscheiden sich inhaltlich kaum von denen der Männer. Auch sie handeln von guten Hirten, auch sie zeugen von einer tiefen Verbundenheit mit Jesus Christus. Die kirchlichen Reaktionen fallen jedoch fundamental anders aus, wenn statt eines Mannes eine Frau erzählt. Weibliche Berufungen werden bestenfalls mit ungläubigem Staunen quittiert. Belächeln, Ausreden-Wollen, Therapie-Bedarfsermittlung, schließlich Drohung und Strafe gehören zum gängigen Reaktionsrepertoire. Frauen wie Ida Raming werden einerseits nicht ernst genommen, andererseits zur großen Gefahr erklärt. Die Kirche prüft ihr Ansinnen nicht einmal. Sie selbst prüfen sich immer wieder: Darf ich mir das überhaupt wünschen? Vor Verächtlichmachung schützt Echtheit nicht.

»Es gibt Leute, die ihren eigenen Vogel mit dem Heiligen Geist verwechseln«, sagt ein Kardinal, als sich eine Berufene ihm offenbart. Bewerber fürs Priesterseminar provozieren Dankgebete, Bewerberinnen Stoßgebete und Spott. Was bei Männern nur Liebe zur Liturgie sein kann, steht bei Frauen unter Hexereiverdacht: fauler Zauber, dunkle Begierden, womöglich Machtgelüste. Männliche Leitungskompetenz wird mit allerlei lateinischen Begriffen sakralisiert, für potenzielle Priesterinnen fehlen die Worte. Beharrlichkeit zeichnet angehende Priester aus, Frauen wird sie als Starrsinn ausgelegt.

Der Ausschluss vom Amt entzieht sich einer rationalen Begründung; als irrational stehen diejenigen da, die das nicht hinnehmen wollen. Jeder vernünftige Mensch gibt doch irgendwann auf, wenn die Lage aussichtslos ist! Am Ende ergibt sich dann tatsächlich das Bild, das der diplomatische Kirchenmann aus dem liberalen Lager gezeichnet hat: Die will mit dem Kopf durch die Wand. Und wenn sie sich dabei verletzt, hat der Kopf Schuld, nicht die Wand.

Kämpferinnen der jüngeren Generation gehen sanftmütiger vor als Ida Raming und ihre Mitstreiterinnen. Zu ihnen gehört die

Schweizerin Jacqueline Straub. »Ich will Priesterin werden«, sagt sie schlicht. Die Gründe legt sie in ihrem Buch »Jung, weiblich, katholisch« dar. Ihre Berufung schildert sie als langen Weg von einem christlichen Jugendcamp bis zum tiefen Wunsch Priesterin zu werden. Straub hat ein Theologiestudium abgeschlossen und erzählt öffentlich von ihrem Traumberuf. Sie geht in Talkshows, gibt Zeitungsinterviews, der »Spiegel« porträtiert sie. Ihr Webauftritt ist professionell; ein Augustinus-Zitat begrüßt die Besucher ihrer Homepage. Als der Theologe noch lebte, hielt er Frauen für eine Gefahr. Jetzt lässt eine Kirchenkritikerin ein Kirchenvater-Wort über ihre Seite tänzeln. Dazu posiert Jacqueline Straub modelgleich, die langen Haare gut in Szene gesetzt, als wollte sie den Vorwurf der Vermännlichung fotografisch widerlegen. Angst macht sie manchem trotzdem: An der Uni Freiburg gibt ihr nicht mehr jeder Professor die Hand, als ihre Ambitionen bekannt werden, erzählt sie in einem Interview. Auch Journalisten und Journalistinnen sind misstrauisch: Ist sie nicht zu schön, um wahrhaftig zu sein? Will da eine eloquente Studentin einfach nur berühmt werden? Und: Muss es denn unbedingt das Priesteramt sein?

Anfang 2017 legt Jacqueline Straub ein weiteres Buch nach: »Endlich Priesterin sein« – eine allgemeine Auseinandersetzung mit »der Frauenfrage«, theologisch, historisch und kirchenpolitisch. Straub prüft wie in einer klassischen Erörterung die Argumente des Lehramtes und macht ihre Gegenargumente stark. Der Untertitel des Buches fällt eher emotional als rational aus: »Keine Frage der Macht, eine Frage des Herzens« steht da wie zur Beruhigung banger Päpste.

Straub ist Mitte Zwanzig, sie hat Geduld: »Um die Frage des Frauenpriestertums zu lösen, bedarf es Zeit, Aufklärungsarbeit und darüber hinaus einer Synode, da durch die lehramtlichen Schreiben der ganzen Thematik ein ›definitives‹ Gewicht gegeben wurde, das nur durch eine Synode in genügendem Maße geklärt und neu beantwortet werden kann. Ich lege dem Lehramt der römisch-katholischen Kirche ans Herz, die Gleichstellung von Mann und Frau – da es sich nicht um eine Kernfrage des Glaubens handelt – in den Weiheämtern zu ermöglichen.«

Anders als die Sieben von der Donau geht sie nicht auf Konfrontationskurs mit diversen vatikanischen Kongregationen. Sie widerspricht zwar dem Lehramt, begeht aber keine Tatstrafe. Weihen »contra legem« lässt sie sich nicht. Sie hat ihren eigenen Kopf und hofft, dass die Wand ein Herz hat.

Das Schlüsselwort von Frauen wie Jacqueline Straub heißt nicht Kampf, es lautet »Sehnsucht«. »Die Sehnsucht, Priesterin zu werden, ist ein Bedürfnis, das so dringend ist wie Hunger und Durst. Ich sehne mich nicht nach Macht, sondern ich möchte einfach dienen«, bekennt sie.

Ähnliches berichtet Regina Ladewig. Die 41-Jährige ist Grundschullehrerin – und Diakonin, jedenfalls nach der Definition der »Roman Catholic Womanpriests«. Mit drei habe sie am Rockzipfel des Pfarrers gehangen, erzählt sie lachend. Ihre kirchliche Laufbahn verzeichnet unter anderem die Stationen Sternsingerin, Ministrantin, Lektorin, Religionslehrerin. Sie hält Wort-Gottes-Feiern und spürt, dass sie mehr möchte.

Ihr Berufungserlebnis schildert sie auf ihrer Homepage und – nahezu wortgleich – in unserem Gespräch. Während eines Freiwilligen Sozialen Jahres, mit 19 Jahren, hat sie eine besondere Begegnung: »Drei Mal klopfte es während des Schlafens an der Tür. Ich habe nach dem ersten Mal durch den Türspion nach außen geguckt, niemand aber gesehen und gehört. Nachdem ich mich hingelegt hatte, hörte ich wieder das Klopfen: Dies wiederholte sich insgesamt drei Mal. Beim dritten Mal wagte ich es, die Türe zu öffnen. Ich schaute nach draußen und es war wirklich niemand da. Nachdem ich die Türe geschlossen hatte, hatte ich das Gefühl, als wenn eine Person mit mir den Raum betreten und sich jemand an meine Seite gesetzt hätte. Diese – für mich unsichtbare- Person gab mir zu verstehen, dass mein Weg der einer römisch-katholischen Priesterin sein soll. Ich fragte: ›Wie soll das denn gehen? Es gibt doch keine Frauen als Priester‹. Ich hörte dann die Stimme: ›Doch, du wirst die erste sein, glaube mir. In dir ist der Schlüssel angelegt. Du bist der kleinste gemeinsame Nenner. Du wirst nicht eine der Ersten sein, sondern die Erste. Willst du es wagen?‹«

Klingt filmreif, etwas kitschig. Ich merke, wie in meinem Kopf derselbe Echtheits-Test abläuft, den ich anderen vorwerfe. Kann ich das glauben? Ein junger Priester hatte einmal in »Christ&Welt« erzählt, dass ihm Jesus in einer Novembernacht begegnet sei. Auch da war ich skeptisch. Wer bin ich, darüber zu urteilen?

2005 wagt Regina Ladewig eine Weihe. Im Rahmen einer Zeremonie der RCWP wird sie Diakonin. Es ist eine Katakombenweihe, also eine geheime Weihe, weil die Frauen im kirchlichen Dienst beschäftigt sind. Der Glaubenskongregation bleibt der Vorgang dennoch nicht verborgen. Rom prüft den Fall. Regina Ladewig bekommt einen strengen Verweis durch ihren Ortsbischof. Sie verliert die Missio canonica, das bedeutet, sie darf nicht mehr als Religionslehrerin arbeiten, liturgische Dienste werden ihr verboten.

Die Priesterinnenweihe zieht automatisch die Strafe der Exkommunikation nach sich, es ist eine Tatstrafe. Die Diakoninnenweihe wird nicht so eindeutig verurteilt. Auf der RCWP-Homepage zeigt sich Regina Ladewig im weißen Gewand, kirchenrechtlich bewegt sie sich in einer Grauzone. »Die einen haben die Taktik contra legem, wählen also den gezielten Gesetzesverstoß«, sagt sie. »Wir gehen anders vor«. Sie bewundert Jacqueline Straub für ihren Mut und ihre Beharrlichkeit. Mir gibt sie mit auf den Weg: »Schreiben Sie keine Streitschrift. Schreiben Sie ein Buch, das die Herzen berührt.« Mit dem Herz durch die Wand.

Barbara Rüttenauer kennt den Streit und die Sehnsucht. Auch sie ist Diakonin, allerdings ohne Weihe. Aufgewachsen ist sie zu einer Zeit, als Frauen den Altarraum meiden müssen. »Wir durften um Himmels willen nicht die Kelche oder das Altartuch berühren«, erzählt die 75-Jährige. Sie studiert auf Lehramt, heiratet, 1963 tritt sie ihre erste Stelle an. Ihr Mann arbeitet an seiner Doktorarbeit, sie gibt ihre Promotionspläne auf und verdient Geld. Als sie ihr erstes Kind erwartet, beschimpfen sie die Mütter ihrer Schüler, weil Lehrerinnen doch zölibatär zu sein hätten.

Mitte der 1990er Jahre gründet sich das Netzwerk Diakonat der Frau, eine Spätfolge der Würzburger Synode. 1997 wird aus dem Netzwerk ein Verein. Die katholischen Frauenverbände beteiligen sich daran. Es ist der Versuch, einen Bypass um das päpstliche Schreiben »Ordinatio Sacerdotalis« zu legen: Der Weg zum Priestertum scheint endgültig versperrt, nun wird der Diakonat zur Herzensangelegenheit engagierter Frauen. Das Netzwerk konzipiert eine dreijährige Ausbildung. Der 29. April wird zum Tag der Diakonin erklärt. 2001 stoppen drei vatikanische Kongregationen diese Bestrebungen. Die Ortsbischöfe werden gebeten, das Verbot zu vermitteln. Die Kurse des Netzwerks gehen trotzdem weiter, die Frauenverbände schreiben einen offenen Brief an Joseph Ratzinger. Das Thema wird zum Dauerzankapfel zwischen Deutschland und Rom.

Walburga Rüttenauer ist elektrisiert, als sie vom Netzwerk erfährt. »Mein Leben war von einer inneren Unruhe durchdrungen«, schreibt sie in einer Internet-Predigt zum Festtag der Maria Magdalena. »Trotz meines geliebten Berufes als Lehrerin, trotz meiner Familie mit drei gesunden Kindern und einem geduldigen Mannes, der meine Unruhe mit ertragen musste, war ich ständig auf der Suche. In den Ferien fuhr ich in verschiedene Klöster und hoffte dort Ruhe zu finden. Ich arbeitete gleichzeitig in der Pfarrcaritas und beim Asyl und begleitete Sterbende bei ihrer letzten Wegstrecke. Doch die innere Unruhe ließ nicht nach. Bis ich in einer Zeitschrift von einer Ausbildung als Diakonin erfuhr. Mein Entschluss stand sofort fest.« Es sei eine Anmaßung, wenn die Glaubenskongregation Frauen die Berufung abspreche. Walburga Rüttenauer absolviert eine Ausbildung zur Diakonin. In einer »ergreifenden Eucharistiefeier« wird sie der Gemeinde vorgestellt. Sie liest das Evangelium und predigt, macht also das, was ein männlicher Diakon darf.

Mit den Ortspfarrern kommt sie gut aus, doch sie spürt – wie viele andere – die Zurückweisung durch die »Amtskirche«. Die Unruhe, von der sie berichtet, zeugt von inneren Kämpfen: Sie will ihrer Kirche dienen, aber sie will sich nicht weismachen lassen, ihre Berufung sei nicht echt, nur weil es das Amt oder den Dienst nicht geben darf.

Warum die Hierarchie Frauen wie sie zurückweist, kann sie nur vermuten. Ich frage sie per Mail danach. Sie nennt Stichworte: Angst vor Machtverlust, die Angst, als Gottesmann nichts Besonderes mehr zu sein, die schmerzliche Einsicht, dass Jesus eine menschlichere Kirche wollte und dass dazu wohl auch Frauen am Altar gehören.

Waldburga Rüttenauer hält Vorträge, sie predigt digital im Frauennetzwerk, sie erzählt anderen von ihrem Weg. An einem Bitt-und-Bettel-Wettbewerb für mehr weiblichen Einfluss mag sie sich nicht mehr beteiligen. Sie sieht kaum Anzeichen dafür, dass sich etwas Grundlegendes im Vatikan verändert, von einigen Äußerungen des Papstes abgesehen, meint sie.

In einer ihrer Netz-Predigten schreibt sie: »Meine Liebe zu unserer Kirche ist mit der Liebe einer Tochter zu vergleichen, die ihre alt und krank gewordene Mutter nicht verlassen will, auch wenn diese ihr das Leben schwer macht.« Walburga Rüttenauer behält ihren eigenen Kopf – und hat Mitleid mit der Wand.

Ida Raming, Jacqueline Straub, Regina Ladewig und Walburga Rüttenauer werden hier einzeln erwähnt, weil sie öffentlich streiten. Sie nennen dabei ihren vollen Namen, schreiben Bücher und füllen Blogs. So viel Offenheit ist die Ausnahme. Frauen, die in der Kirche beschäftigt sind, äußern sich vorsichtig oder gar nicht, wenn sie namentlich zitiert werden könnten. Sie fürchten arbeitsrechtliche Konsequenzen. Viele haben sich arrangiert, mit Zorn im Herzen, der sich gern als Spott tarnt, mit Kränkungen, die souverän überspielt werden. »Lass die Männer doch ihr heiliges Theater am Altar machen. Mir ist wichtig, dass Frauen in kirchliche Führungspositionen aufsteigen«, sagt mir eine Verbandskatholikin, interessanterweise, nachdem wir gerade die Ordination einer evangelischen Pfarrerin gefeiert haben.

Eine meiner Gesprächspartnerinnen hat eine Führungsposition. Sie ist Ende 50, katholisch sozialisiert. Ihre Mutter hat als Religionslehrerin gearbeitet. Die Tochter erlebt, wie mit dem Entzug der Missio Canonica gedroht wird – und studiert auch Theologie auf Lehramt. Zwischendurch überlegt sie, einen Beruf zu wählen, der nichts mit der Kirche zu tun hat, Fremdsprachen interessieren sie. Doch sie kommt nicht los von der Institution, weil sie bei aller Kritik glaubt, dass hier ihre Persönlichkeit gefragt ist. Nach dem Studium findet sie schnell eine Stelle in einem kirchlichen Frauenverband. Für sie sei die Kirche Heimat, sagt sie und schiebt hinterher:

»Ich bin nicht verheiratet, kinderlos, ein Subjekt, das in Predigten nicht vorkommt«.

Das Wort Heimat benutzen viele Frauen, auch wenn sie Befremdliches erleben. Sie sprechen es eher trotzig als nostalgisch aus, als ginge es darum, diese Heimat nicht den anderen zu überlassen. Sich heimisch fühlen, ohne ganz angekommen und ganz angenommen zu sein – das geht in der Kirche.

Die Katholische Frauengemeinschaft kfd mit rund einer halben Million Mitglieder und der Katholische Deutsche Frauenbund KDFB mit 200 000 Mitgliedern mildern das Heimatbefremden. Die Verbände setzen sich für Geschlechtergerechtigkeit in der Gesellschaft ein. Sie streiten für die Vereinbarkeit von Familie und Beruf, für Mütterrenten und Pflegegesetze. »Ich bin dankbar für das, was ich tun konnte«, sagt meine Gesprächspartnerin. Innerkirchlich bleibt das Thema Gleichstellung heikel. Die Verbände finanzieren sich zu einem großen Teil aus Bistumsmitteln. Brave Mädchen bekommen Zuschüsse, böse kommen unter Druck. Lautstark die Weihe zu fordern, scheint unmöglich angesichts von Bischöfen, die Funktionärinnen nach einem Gespräch wissen lassen, der wahre Platz einer Frau sei beim Mann und den Kindern.

Was ist in der Frauenfrage vorauseilender innerkirchlicher Gehorsam? Was ist tatsächlich riskant? Noch im Februar 2013, vor der Rücktrittsankündigung Benedikts, platzt eine Predigtreihe in Nürnberg, in der unter anderem Sabine Demel zum Thema »Unser Pfarrer ist eine Frau! Mehr als nur ein Traum« hätte sprechen sollen. Auf Veranlassung der Bistumsleitung in Bamberg und Eichstätt, teilt die Stadtkirche Nürnberg mit. Wenige Wochen und einen kleinen Klimawandel später schaffte es die kfd mit der Forderung nach einer Diakoninnenweihe in eine Ausgabe der »Tagesschau«.

Verletzend sei das Verbot, sagen Frauen in die Kamera. Ungerecht. Obwohl Franziskus Papst ist, braucht es dafür noch Mut.

Mehr als einmal höre ich von organisierten Katholikinnen den Seufzer: »Wenn wir einmal eine Aktion machen würden: Alle Frauen stellen in der Kirche für einen Tag die Arbeit ein, dann…« Was wäre dann? »Dann könnte man zeigen, was Frauen alles tun«, sagt meine Gesprächspartnerin. Typisch Kirchenfrau, denke ich. Fromm sind sie und emsig, als ginge es noch immer darum, den alten Thomas von Aquin zu widerlegen, der die Zeugung eines Mädchens auf ungünstige Böen zurückführte. Einen Tag die Arbeit niedergelegt und das Jahrhunderte alte, verhängnisvolle Wort über die »schwülen Südwinde« ist wie weggeblasen. Streik statt Streit?

Ich bin da skeptisch. Derart zur Dankbarkeit genötigte Männer schenken vielleicht eine Tafel »Merci«. Wenn die Damen die Arbeit wieder aufnehmen, denken sie nicht anders über Frauen als vorher. Fleiß ist oft das Gegenteil von Einfluss.

Die Gesprächspartnerin lacht über meinen Spott. Ja, gibt sie zu, in der Kirche engagierte Frauen freuten sich über Fleißkärtchen vom Herrn Pastor. Sie möchten beliebt sein. Aktivismus kommt deshalb oft mit einem bittenden Wimpernklimpern daher: »Schaut mal, was wir alles leisten, aber seid uns bitte, bitte nicht böse, wenn wir laut sagen, was unsere Arbeit wert ist.« Es kann passieren, dass der Bischof trotz artigem Augenaufschlag zornig wird und den »Tag der Diakonin« streicht. Sie spüre bei den Männern »Angst vor Machtverlust, Angst vor der sexuellen Kraft der Frauen, Angst vor Einfluss von ungewohnter Seite«, sagt die erfahrene Engagierte.

Ängstliches Fragen auf der einen und unausgesprochenen Ängste auf der anderen Seite haben über die Jahrzehnte ein Stillleben entstehen lassen. Man kann sich einigermaßen verletzungsfrei arrangieren, wenn Kopf und Wand sich nicht zu nahe kommen.

Warum das Stillleben so still ist, frage ich meine Gesprächspartnerin. Ich vermute küchenpsychologisch: Weil viele Frauen doch so sind, wie die Papiere sie gern hätten: leidensfähig, um Ausgleich bemüht. Und ehrfürchtig bis furchtsam gegenüber dem Klerus. Viele Haupt- und Ehrenamtliche haben sich in einer Nische eingerichtet, dort kommt nur ab und an ein Inhaber klerikaler Leitungsgewalt vorbei. Wenn der Pastor, Präses, Bischof da ist, dann warten alle Augen auf ihn, den Herrn: Guckt er zufrieden, wütend, müde, milde? Emanzipation fängt erst wieder an, wenn er den Raum verlassen hat. Priester sind Gemeindegötter.

Die »Frauenfrage« berührt ein heiliges Spiel mit Emotionen. Kleriker haben Macht über die Gefühle derer, die ihre Macht akzeptieren. Wer das Katholische inhaliert hat, kann die geweihten Häupter nicht einfach ignorieren, trotz Beteuerungen des Gegenteils. »Der männliche klerikale Leitungsstand ist vom gemischtgeschlechtlich-laikalen Gefolgschaftsstand strikt geschieden. In der Taufe gründet die Würdegleichheit aller Gläubigen, in Geschlecht und Weihe ihre ontologische und rechtliche Ungleichheit«, schreibt der Kirchenrechtler Norbert Lüdecke im Blog »theosalon«. Das liest sich akademisch kühl, löst jedoch im kirchlichen Alltag Temperaturschwankungen aus. Die »ontologische und rechtliche« Ungleichheit lässt sich in jeder Gemeinde praktisch erleben. Nach hitzigen Debatten gehen am Ende die Augen zum Herrn Pastor. Oder zum Bischof. Oder zum Papst. Ist der Oberhirte sympathisch oder lächelt der Papst gütig, erledigten sich Strukturdebatten wie von selbst; um heikle Themen werden Trippelschritt-Choreografien aufgeführt. Frauen, die sich ansonsten als emanzipiert bezeichnen würden, können sich nur schwer befreien von Heiligen und anderen klerikalen Übervätern. Befreiung geht mit Befremden einher.

Meine Gesprächspartnerin schweigt lange, als ich ihr diese Gedanken erzähle. Schließlich sagt sie: »Viele glauben letztlich, dass sie sich um ihr Seelenheil bringen, wenn sie sich gegen Kleriker auflehnen.« Die frommen Frauen meiner Familie waren davon auch überzeugt.

Gern würde ich jetzt, gegen Ende des Buches, behaupten, vielen Katholikinnen aus der Seele zu sprechen. Als ich mit dem Schreiben begann, war ich davon überzeugt. Die wenigsten kämpfen so leidenschaftlich, dass sie sich schwere Verletzungen zugezogen haben. Deshalb handelt dieses Buch von den kleinen Verwundungen, die aus der großen Ungleichbehandlung folgen. Zwischendurch wachsen die Zweifel daran, dass die meisten Katholikinnen ähnliche Erfahrungen machen. Ich beginne gezielt andere Stimmen zu suchen, höre gerade denjenigen zu, die dem Lehramt nicht widersprechen.

Einige sehr alte und einige junge Frauen erzählen mir, dass sie richtig finden, was die Kirche sagt. Oder das, von dem man sagt, dass die Kirche es sagt. Bei den älteren mischt sich Gehorsam mit Gewohnheit. Sie haben kaum ein päpstliches Papier zum Thema gelesen, ich lese ihnen aus »Mulieris dignitatem« und »Ordinatio sacerdotalis« vor. Sind Sie damit einverstanden, finden Sie sich in den »anderen Wesen« wieder, halten sie die Argumente gegen die Weihe für stichhaltig? Es sind die falschen Fragen. Sie entgegnen: Soll sich das jetzt auch noch ändern? Kann man nicht einmal die Kirche mit Kritik verschonen? Es reiche doch, wenn es weibliche Vorstandsvorsitzende gibt. Der Heilige Vater, der Hirte, der Pastor – das habe alles seine Ordnung. Frauen im Priestergewand, Frauen bei der Wandlung – da fallen Worte wie »komisch«, »unnatürlich«. Die Messdiener könnten dadurch verwirrt werden und die – wenigen – Männer in den Bänken lenke das vom Gottesdienst ab.

Die Kirche ist für diese treuen Messbesucherinnen der Ort, an dem alles seinen Platz hat. Sie erinnern sich an die Zeit, als das Kirchenschiff in eine Männer- und Frauenseite geteilt war. Danach wurde es kompliziert. »Man sollte die Männer endlich in Ruhe lassen«, sagt eine. Eine andere, ehemals Pfarrhaushälterin, erzählt: »Mir hat es immer große Freude gemacht, wenn seine Hemden ordentlich gestapelt im Schrank lagen. Ich kann nichts dafür, so bin ich eben erzogen.« Für eine Priesterin bügeln? Niemals!

Die jüngeren Lehramtstreuen sind anders erzogen – und kommen zu einem ähnlichen Ergebnis. An der maskulinen Dominanz reizt sie gerade das Ungewohnte. In einer Umgebung der Millionen Optionen wirkt es erleichternd, wenn einem wenigstens eine Entscheidung abgenommen wird. Abiturientinnen steht – angeblich – die Welt offen. Da fällt eine Großinstitution als originell auf, wenn sie sagt: Die Tür zum Priesterseminar ist zu, es sei denn, du kommst als Putz- und Bügelkraft. »Es ist gut, dass die Kirche anders ist als die Unternehmen mit ihren Frauenquoten und Gender-Mainstreaming-Programmen.« Auch solche Sätze höre ich von jungen Frauen. Ein theologisches Argument ist das nicht, eher ein zeitgeistiges Wider-den-Zeitgeist-Löcken. Die Kirche steht als Biotop der biologischen Geschlechtergrenze für sie unter Naturschutz.

Eine Position zwischen Kollision und Kollarpflege vertritt die junge Journalistin Christina Rietz. Sie schrieb in Christ&Welt: »Autorität berät; Macht entscheidet. Wer also etwas an der einflusslosen Situation der Frauen in der katholischen Kirche ändern will, hat zwei Möglichkeiten: Er kann die Weihe für Frauen öffnen. Oder er kann Macht und Weihe voneinander lösen. Situation eins ist nicht wirklich wünschenswert, weil das aktuelle Priesteramt für moderne Katholikinnen eben nicht wahnsinnig attraktiv ist… Den männlichen zölibatär lebenden katholischen Geistlichen weibliche Geschwister zu erschaffen zöge einen Aufstand von apokalyptischen Dimensionen nach sich. Für ein Priesteramt, das wir gar nicht wollen, müssen wir aber die Kirche nicht sprengen.« Sie schlägt vor, Laien – weiblichen wie männlichen – Leitungsgewalt zu geben. Auch die Kardinälinnen-Idee findet ihren Zuspruch.

Solche listig-lösungsorientierten Ideen lassen alle, die die Ordination fordern, nach Altlinken mit lila Latzhose und lila Stola aussehen. Emanzipation reimt sich nicht mehr auf Konfrontation. Dass Männer sagen »Bis hierhin und nicht weiter« gilt als nicht okay und nicht zu ändern. Solche Debattenbeiträge werden von der Hoffnung getragen: Wer bestimmte Voraussetzungen akzeptiert, kann es weit bringen. Weiter jedenfalls als diejenigen, die gegen die Wand anrennen.

Die klerikale Befürchtung, die weibliche Weihe könne die männliche entwerten, wird ernst genommen. Deshalb soll erst gar nicht der Eindruck entstehen, den Männern werde mit Reformen etwas weggenommen.

Bescheidenheit ist eine Zier, doch weiter kommt man ohne ihr, pflegte meine Oma zwischen zwei Rosenkränzen zu sagen. Stimmt das in der Kirche? Die Listig-Lösungsorientierten würden widersprechen. Sie haben verinnerlicht, dass selbst die forsche Forderung nach dem Kardinälinnenhut brav aussehen muss. Mit dieser Strategie lassen sich einflussreiche Verbündete im Klerus finden. Kurienkardinal Gianfranco Ravasi, Vorsitzender des päpstlichen Kulturrates, sagte im Februar 2017 in einem Interview mit der Katholischen Nachrichtenagentur KNA: »Wieso fangen wir nicht an, über andere, sehr wichtige Funktionen von Frauen in der Kirche zu reden? Zum Beispiel die Leitung einer Pfarrei, aus struktureller Sicht. Oder der Bereich der Katechese, der Freiwilligenarbeit, der Finanzen, der architektonischen Planung, der Gestaltung. Warum sollte man das nicht in die Hand von Frauen geben? Auch in den Vatikan-Behörden könnte es eine stärkere Frauen-Präsenz geben, auch auf höheren Ebenen. Das hat auch der Papst gesagt. Natürlich geht das nicht sofort.« Die Weihe zu fordern sei zwar legitim, bemerkt der Kulturmann, aber nicht zielführend.

Leitung »aus struktureller Sicht«, weil die unstrukturell unsichtbare Leitung nach ganz oben für Frauen eben doch nicht dieselbe sein kann. Zeitgemäß emanzipatorische Kirchenfrauen kooperieren derzeit mit gönnerhaften Gutsherren. Männer definieren noch immer die Grenzen der Großzügigkeit, wer etwas bei ihnen erreichen will, darf daran nicht zweifeln und muss es Geschlechtsgenossinnen als kluge weibliche Selbstbeschränkung verkaufen. Frauen mit solchen Ambitionen bohren ein paar Gucklöcher in die Mauer und hoffen, dass die Löcher einmal so groß werden, dass ausgewachsene Menschen hindurchpassen. Das scheint im Moment der vielversprechendste Weg zu sein.

Eher im Stillen, Abgeschiedenen bilden sich ganz andere weibliche Stimmen. Sie sagen: Die Frauenfrage nervt uns, sie quält uns. Wir haben keine Lust mehr, im Vatikan ehrerbietigst Vorschläge zu machen, die dann abschlägig beschieden werden. Taktieren lohnt sich nicht mehr, es ist einfach zu spät. Solche Frauen organisieren sich abseits der kirchlichen Gemeinden. Sie beten, diskutieren, singen, analog und im Netz. Eine junge Netzwerkerin schreibt mir: »Meine Lebenswirklichkeit ist derzeit so drastisch von der derzeitigen Kontextualität ›normaler, normierender und normativer Kirchlichkeit‹ unterschiedlich, dass die Frage nach der Weihe sowieso keinen Unterschied mehr macht ...« Sie träume von einer Ökumene, die nicht an Gremien- sondern an Küchentischen entschieden werde. Und von Mission. »An dieses große Wort müssen wir. Ich lerne es im Moment als die Ahnung zu begreifen, dass mit mir in dieser Kirche Platz für mich und andere jenseits der Kirchlichkeit ist.«

Ich muss eine Weile darüber nachdenken, was damit gemeint sein könnte. Mission kombiniert mit Resignation – eine kreative Mischung vielleicht. Oder ein Rückzug in eine Nische, während die Hauptbühne weiterhin von normalen, normierenden und normativen Klerikern bespielt wird.

Aus solchen Gedanken spricht auch die Enttäuschung über das eigene, liberal-mittige Milieu. Von konservativer Seite war in Frauenangelegenheiten ohnehin nichts zu erwarten, aber das liberale Lager hat zeitweise Hoffnungen geweckt. Mittlerweile wird das Thema auch dort als lästig empfunden. Ein Pastoralkongress Anfang 2017 widmete sich innovativen Seelsorgekonzepten. Es gab Lightshows, Liturgie und – selten für Tagungen – Lichtblicke. Die Teilnehmer genossen es, einmal optimistisch gestimmt sein zu dürfen. Dann fragte der Moderator eine junge Theologin, wofür die »Kirche Platz machen sollte.« Sie antwortete: »Für die Ordination von Frauen«. Der Kölner Pastoraltheologe Norbert Bauer registriert in seinem Blog »theosalon«: »Die Stimmung im Saal sank.« Mit dieser Antwort hatte die versammelte Schar von Katholikinnen und Katholiken nicht gerechnet. Eingelullt oder euphorisiert von Sinus-Milieustudien geben sich aufgeschlossene katholische Männer der Illusion hin, die Kirche könne »anschlussfähig« an die Gesellschaft sein, ohne den Mädchenkram auch nur anzusprechen. Je nachdem, wie man die Scheinwerfer der Lichtshow ausrichtet, merkt keiner, was und wer fehlt. Die Frauenfrage ist in liberalen Runden zur Altlast geworden, ein Spaßbremsenhobby, das die gute Laune stört. Auch hier soll ein Zustand schon als überwunden gelten, bevor er erreicht wurde. Wie bei Burke, nur buddhistsch-spirituell statt betonkatholisch. Man muss loslassen können, raunen mir moderne Performer zu.

Zum Schluss wende ich mich an eine Ordensfrau. Sie ist geübt im Gehorsam; sie lächelt milde angesichts der geballten Ladung Lehramt. »Weibliche Spiritualität« ist mir fremd, deshalb benutze ich diese Formulierung so selten. Sollte es so etwas wie weibliche Spiritualität geben, dann wäre diese Nonne die passende Personifizierung. Sie spricht mit Jesus und Maria so, als seien sie gute Freunde. Wenn ich sie frage, ob Jesus ihr antwortet, bejaht sie. Als Seelsorgerin und geistliche Begleiterin ist sie gefragt, gerade weil sie nicht immer eine Antwort hat.

Laut Deutscher Ordensoberenkonferenz gibt es rund 16 000 Ordensfrauen, vor 20 Jahren waren es mehr als doppelt so viele. 85 Prozent sind älter als 65 Jahre. Die Orden sterben still, während der Priestermangel recht laut beklagt wird. Sie empfinde es nicht als Diskriminierung, dass Frauen vom Priesteramt ausgeschlossen seien, sagt »meine« Nonne. Vieles sei nun mal menschlich, männlich, klerikal geprägt. Sie verweist auf Brasilien, wo ihre Mitschwestern Gemeinden leiten. Sie erzählt auch von einer Diskussion, die »zu einer Spaltung« und »großen schmerzlichen Verletzungen« führte. Fünf Schwestern verließen die ohnehin kleine Gemeinschaft. Der wunde Punkt war weniger das Nein zur Weihe, sondern die Erwartung, eine Jungfrau habe mariengleich demütig und dauerdienend bereitzustehen. Eine öffentliche Debatte haben die Verletzten nicht gesucht.

Lasse ich die Gespräche und Mailwechsel noch einmal Revue passieren, so fallen mir, bei allen Unterschieden, einige Gemeinsamkeiten auf. Selbst diejenigen Frauen, die die Lehre der Kirche teilen, teilen nicht die Argumente. Sie gehorchen, fürchten, glauben, manche demonstrieren Unabhängigkeit vom Rest der Welt. Keine der Angesprochenen wiederholt die Begründungen des Lehramts. Tiefe Überzeugung? Fehlanzeige. Schon die Frage »Warum?« gilt ihnen als ungehörig.

Diejenigen, die sich an den »Argumenten« der Päpste und Präfekten seit Jahrzehnten abarbeiten, gehorchen, fürchten und glauben auch. Sie demonstrieren verbal Unabhängigkeit von klerikalen Leitungsstrukturen und bleiben praktisch oft auf sie angewiesen. Sie vermeiden es, sich als Opfer des Patriarchats in Szene zu setzen. Sie schaffen sich Freiräume und Nischen, agieren in einer weiblichen Parallelwelt. Kämpfen möchten die wenigsten, obwohl sie im vertraulichen Gespräch streitbereites Vokabular wählen: Diskriminierung, Herabsetzung, Missachtung. Wer innerkirchlich Frauen die Frauenfrage stellt, bekommt eine Mischung aus harten Worten und weichem Verhalten. Die Diskriminierten, Herabgesetzten, Missachteten üben Rück-, Vor- und Nachsicht gegenüber der Institution und ihren Vertretern. Das muss Liebe sein. Wer die Kirche nicht liebt, hat sie längst verlassen.

So was von old school –
ein Schlusswort

Papst Sixtus V. verbot 1588, dass Frauen auf den Bühnen des Vatikans sangen. In den römischen Kirchen wurden danach die Sopranpartien mit Knaben, hormonell exakter: mit Kastraten, besetzt. Die Begründung war biblisch. Das Weib schweige... – Sie wissen schon.

Vor einigen Jahren widmete die Sopranistin Cecilia Bartoli den Kastraten eine CD mit dem Titel: »Sacrificium«, Opfer also. 32 Päpste lauschten im Laufe der Jahrhunderte in der Sixtinischen Kapelle dem Gesang junger Männer, die ihre hohen Stimmen dem gezielten Einsatz eines Messerchens verdankten. Der Männergesang galt ihnen trotz der hässlichen Begleitumstände als schön und wahr. Die Stellvertreter Christi liebten das Glissando über die Geschlechtergrenzen hinweg, sie wollten Frauenstimmen aus Männerkörpern. Nach dem Maßstab heutiger, ordnungsbewusster Katholiken müssten sie als »Genderisten« verdammt werden.

Erst Pius X. machte Anfang des 20. Jahrhunderts dem Leid der Kastraten ein Ende. Er verbot im Motu Proprio »Tra le sollecitudini« die Messerchen-Musik in der Kirche. Das päpstliche Erbarmen mit den Männern eröffnete noch keine Chance für die Frauen. Sie seien »zu einem solchen Amt nicht fähig, zu keiner Partie des Chores«, glaubte Pius X. Knaben vor dem Stimmbruch übernahmen die hohen Töne. Später, als Singen nicht mehr als liturgisches Amt galt, kamen Frauen endlich zum Einsatz. Pius XII. mahnte Ende der 1950er Jahre nur an, dass Männer von den Frauen und

Mädchen »ganz getrennt« zu sein hätten. Separat stehen, gemeinsam singen, immerhin. Meine Oma war begeisterte Chorsängerin, zuerst im Mädchenchor, dann im Kirchenchor. Mittlerweile fehlen den meisten Kirchenchören Männerstimmen, so dass Frauen mit Zarah-Leander-Timbre als Tenoretten zum Einsatz kommen.

Führte eine gestiegene Wertschätzung für Sängerinnen zum Sinneswandel? Oder das Downgrade des vokalen Musizierens vom liturgischen Amt zum Dienst? Das Beispiel zeigt: Die Kirche kann sehr wohl erlauben, was sie hartnäckig mit biblischen Begründungen verboten hat. Mancher Felsen ist bloß eine Wanderdüne. Im Chorwesen haben sich die Hierarchen von Einwänden und Bedenken verabschiedet, ohne neue Frauenverbotsgründe nachzuschieben. Vielleicht hat Jesus beim Abendmahl den Jüngern zugerufen: »Und jetzt alle ...«. Dann wären bis heute nur Männerchöre erlaubt. Doch die Glaubenskongregation suchte nicht nach derartigen Ausschlussgründen.

Abgesehen von der angeblichen Auswahl im Abendmahlssaal ähneln die Argumente wider weiblichen Gesang denen wider den weiblichen Altardienst. Frauen sind lange minderwertig, unrein, irgendwie verdächtig, deshalb werden sie vom Allerheiligsten ferngehalten. Im 20. Jahrhundert wächst sich die offenkundige Abwertung langsam raus, Frauen dürfen mitsingen, die Messe dienen, die Kommunion austeilen, Lesung und Fürbitten sprechen. Wiederholte sich die Kastraten-Geschichte, dann hieße das: Nur noch 32 Päpste abwarten, dann könnte es römisch-katholische Priesterinnen geben. Also bitte einen Augenblick Geduld, meine Damen.

Ich habe in diesem Buch darauf verzichtet, Frauen als Opfer zu bezeichnen, obwohl ihnen so viel Unrecht widerfahren ist, dass eine offizielle Bitte um Vergebung angebracht wäre. Einen »Sacrificium«-Gesang stimme ich nicht an, weil das Wort »Opfer«

nach dem Wort »Täter« schreit. Auch das möchte ich vermeiden. Kirchenmänner tun Frauen zwar verbal noch immer einiges an, ich kritisiere sie aber lieber, als sie pauschal zu kriminalisieren.

In lehramtlichen Dokumenten wird vor dem »Geschlechterkampf« gewarnt. Viele Debattenpositionen scheiden sich tatsächlich entlang der Trennlinie männlich-weiblich. Nur wenige Männer streiten für die volle Gleichstellung; das Thema läuft in diversen Reformgruppen mit, es steht auf Wunschlisten, ohne ein Herzenswunsch zu sein. »Schon doof, dass es keine Priesterinnen gibt«, lautet die maximale maskuline Solidaritätsbekundung. Ein Titel wie »Weiberaufstand« verführt Männer nicht dazu, sich unterzuhaken.

Es wäre unredlich so zu tun, als ginge es in diesem Buch nicht auch gegen Männer – allerdings nicht gegen »die Männer«. Kritisiert werden jene, die auf die Frage »Warum dürfen Frauen nicht Priesterin werden?« mit Standardsprüchen reagieren. Die sie abschmettern. Die sich nicht einmal verunsichern lassen. Dieser Streifzug will vor allem eines: mit diesem permanenten, penetranten »Warum?« irritieren. Die Gegen-Irritation begegnet mir ständig: Muss es denn unbedingt die Weihe sein?

Wenige Tage, bevor ich das Manuskript abschließe, moderiere ich eine Podiumsdiskussion mit einem Bischof. Er wirbt vor weiblichem Publikum für die geweihte Diakonin. Das sei das »Zeichen der Zeit«, sagt er. Und Priesterinnen? Unmöglich, meint er, und spricht ergriffen vom Abendmahl und der Männlichkeit Jesu. Nach der Diskussion fragt er: »Soll ich Ihnen den Frauenförderplan meines Bistums zeigen, ich habe ihn in der Tasche?« Was dem Verführer von früher die Briefmarkensammlung war, ist dem aufgeschlossenen Bischof von heute der Frauenförderplan. Welches weibliche Wesen kann dazu schon nein sagen? Wer mag da noch von Diskriminierung sprechen? Mit den griffbereiten Zahlenwerken verbindet sich der Vorwurf: Es gibt weltweit rund 400 000 Priester, gemessen an 1,2 Milliarden Katholikinnen und Katholiken eine Mini-Gruppe. Weiberaufstand bedeutet gemäß dieser Lesart: Viel Lärm um wenige Stellen.

Doch diese Rechnung fällt zu schlicht aus. Wer beharrlich wissen will, warum Frauen nicht Priesterinnen sein dürfen, bemerkt schnell den weiträumigen Konflikt dahinter: In der Kirche sind Frauen Platzanweisungsobjekte. Dokumente, die vorgeben, von Männern und Frauen zu handeln, setzen vor allem Katholikinnen Grenzen. Diese Haltung spüren alle, und nicht nur die Wenigen, die sich zur Priesterin berufen fühlen.

Frauen haben einen gleichberechtigten Zugang zu allen Ämtern. Dieser Satz scheint in der katholischen Kirche im Jahre 2017 noch genauso unmöglich zu sein wie anno 1917, als das Kirchenrecht in Canon 813 §2 ein Altar-Abstandsgebot formulierte: »Wer die Messe dient, kann nicht eine Frau sein, es sei denn es ist kein Mann vorhanden und es gibt einen guten Grund, dies zu tun, in diesem Fall darf sich die Frau unter keinen Umständen dem Altar nähern, sie darf dem Priester bei der Messe antworten.«

Ich habe dargestellt, welche Gründe wann von wem genannt werden. Ich habe spekuliert, welche Beweggründe darüber hinaus eine Rolle spielen könnten. Ich habe gezeigt, wann das »Mysterium des Glaubens« zum Zug kommt und wann an die Einsicht der Gläubigen appelliert wird. Ich kann keinen weihwasserfesten Beweis dafür anführen, dass Jesus die Frauen in seiner Nähe zu Priesterinnen machen wollte. Nur: Diejenigen, die mit bruchsicherer Stimme behaupten, Jesus habe nur Jünger erwählt und Jünger seien gleich Priester, haben für ihre Behauptung keine besseren Belege. Ein Raymond Burke wird sich davon nicht erschüttern oder wenigstens verunsichern lassen. Kardinäle seines Zuschnitts zeigen lieber die Instrumente als sich auf Argumente einzulassen. Und wie sind die anderen?

Dieses Buch geht stellenweise humorvoll mit dem Lehramt um, auch spöttisch. Spott ist das Instrument der Machtlosen. Ich habe keine Entscheidungsvollmacht in der Kirche, strebe sie nicht an und würde sie als Frau ohnehin nicht bekommen. Vielleicht lachen ein paar geweihte Männer mit Leitungsgewalt mit, wenn sie sich die zitierten Formulierungen aus »Inter Insigniores« und »Mulieris Dignitatem« auf der Zunge zergehen lassen. Humor verunsichert, er macht Strammstehen unmöglich. Schon das wäre ein Fortschritt, eine produktive Erschütterung. Ich wünsche mir eine Lockerungsübung, die zu einer grundsätzlich neuen Haltung führt: Im Zweifel für die Ausgeschlossenen. Einer Kirche, die das »Ja« der Maria feiert, stünde diese Offenheit gut zu Gesicht.

Stattdessen zelebriert ein Kreis von Entscheidern das Nein zur Frauenordination wie einen postmodernen Anti-Modernisteneid, als sei die Abwehr der Weiber das zentrale katholische Unterscheidungsmerkmal zur verkommenen Welt. Draußen ist angeblich alles gleich gültig; drinnen, in der katholischen Kirche, wird das »Gleich« fein differenziert: »gleichwertig, aber nicht gleichartig« möge die weibliche Hälfte der Weltbevölkerung sein. Franziskus, ganz Jesuit, preist ständig den Geist der Unterscheidung. Was ihm in der F-Frage fehlt, ist der Geist der Entscheidung: Schlägt sich die Kirche auf die Seite derer, denen Frauenrechte nichts oder wenig wert sind, oder auf die Seite der anderen? Will der Vatikan in einem Atemzug mit Saudi-Arabien genannt werden?

Die feinziselierte Formulierung mit »wertig« und »artig« relativiert, wo es nichts zu relativieren gibt. Chauvinisten dieser Welt hören diese Signale: Wer ein Interesse daran hat, dass Frauen nicht alles dürfen sollen, was Männer dürfen, kann sich auf die weltumspannende Groß-Institution mit Zentrale in Rom berufen. Die Zentrale wiederum beruft sich auf die Weltkirche, was nichts anderes bedeutet als Rücksicht auf die Patriarchen dieses Planeten. Priesterinnen werden auf diesem Umweg über Rom und den Erdkreis nicht nur für unzulässig erklärt, sie werden unzumutbar. In diesem Zirkelschluss hält sich die Kirche selbst gefangen.

Freiheit wirkt anders – und Wahrhaftigkeit auch. Wenn Frauen wirklich gleichwertig sind, warum sind sie dann so viele Extra-Worte wert, so viel Extra-Lob und Extra-Mahnung? Die Formulierungskunst kann nicht darüber hinwegtäuschen, dass sich am Ende alle Gewalten im Geweihten vereinen, in der Gemeinde im Pfarrer, in der Diözese im Bischof, in der Weltkirche im Papst. Leitung ist klerikal und männlich. Entscheidung ist klerikal und männlich. Klerikal kann niemals weiblich sein. Wollen Frauen einen Zugang zu dieser Extra-Klasse, müssen sie, unter anderem von Franziskus, den Vorwurf anhören, sie redeten der Klerikalisierung der Kirche das Wort ab. Das nächste Zirkelschlussgefängnis.

Der Lobgesang auf Marias Geschlechtsgenossinnen übertönt den Cantus firmus, der seit Jahrhunderten unverändert geblieben ist: Der Mann ist das Normal-Maß, die Frau die Abweichung. Er sagt, wie sie zu sein hat. Das Weib wird ab- oder aufgewertet. Es zieht nie gleich, es zieht nicht in Entscheidungszirkel ein. Frauen dürfen beraten, prüfen, ihre weibliche Perspektive einbringen. Der heimliche Einfluss von Müttern, Schwestern oder Referentinnen auf Kleriker wird lobend erwähnt, vom institutionalisierten Einfluss werden sie ferngehalten. Auch liturgisch setzen Männer die Benchmark. Die Eucharistie mag angesichts der Besucherzahlen ein Ladenhüter sein, ekklesiologisch, sakramental- und ämtertheologisch ist sie das Premiumprodukt, der Unique Selling Point der katholischen Kirche. Keine andere Feier reicht an die Messe heran; jede Laienliturgie kann im Vergleich dazu nur von minderer Qualität sein. Mag das Lehramt Frauen in der Herzmitte der Kirche ansiedeln, oben am Altar waltet der Mann, der Zelebrant. Wie Päpste, Präfekten und Theologen angesichts dieser eindeutigen Normierung »gleichwertig« schreiben können, ohne über der weißen Spitze rot zu werden, bleibt ihr Geheimnis des Glaubens. Weiberaufstand heißt, sich nicht von solchen Floskeln sedieren zu lassen. Weiberaufstand heißt, nicht nur zu bitten, sondern zu fordern. Weiberaufstand heißt, über Macht zu streiten. Frauen schweigen dazu gern. Männer auch. Kleriker erinnern an Jesus, den Ohnmächtigen. In dessen Person verbinden sich die drei Gewalten, die man zum hierarchischen Aufbau der Kirche braucht: heiligen, lehren und leiten. Im institutionellen Alltag schrumpft die Gewalten-Dreifaltigkeit oft genug auf die Kategorien Sein und Haben. Kleriker haben nicht unbedingt Macht, aber sie haben etwas zu verlieren. Zur wahrheitsgemäßen Antwort auf die Warum-Frage gehört das Eingeständnis: Wir befürchten, dass Klerikerinnen das Amt verändern, dass sie die Kirche verändern, dass wir die Kontrolle verlieren. Die Worte Macht und Kontrolle stehen in keinem lehramtlichen Schreiben zum Thema; gerade deshalb stehen sie im Raum, sobald über Amt, Sakrament und Institution diskutiert wird.

Ich habe herauszufinden versucht, warum Amtsträger diese Lehrmeinung für wahr halten. Spuren eines ernsthaften Ringens ließen sich in ihren Reaktionen kaum erkennen. Sie antworteten machttaktisch: weil es entschieden ist, weil der Kirche eine Spaltung droht, weil das Thema nervt, weil es Wichtigeres gibt, weil Frauen genug bekommen haben. Was Priesterinnen, Bischöfinnen, Kardinälinnen Fürchterliches anrichten könnten, wenn die Weihe-Wahrheit eine andere als die offizielle wäre, habe ich nicht erfahren. Auf Fragen nach der Zukunft kommt die Antwort aus der Vergangenheit.

Während ich diese Zeile schreibe, betritt meine Tochter das Arbeitszimmer. Sie probt den Aufstand mit Ignoranz. »Das Buch werde ich bestimmt nicht lesen«, sagt sie. »Kirche ist so was von old school und du bist so was von old school«. Sie verlässt noch schneller den Raum als vor einem Jahr, beim TV-Pontifikalamt von Mainz. Aus dem Treppenhaus ruft sie mir zu: »Und was wird dein letzter Satz?«

Wo ein Wille ist, ist auch eine Weihe.

Zum Nach- und Weiterlesen

Lea Ackermann, Helga Unger (Hrsg.): Unser Pfarrer ist eine Frau. Erfahrungen und Konsequenzen. Freiburg 2012.

Wolfgang Beinert: Was Christen glauben. Regensburg 2014.

Simone de Beauvoir: Das andere Geschlecht. Sitte und Sexus der Frau. Reinbeck 1998.

Sabine Demel: Frauen und kirchliches Amt. Grundlagen – Grenzen – Möglichkeiten. Freiburg 2012.

Theresia Heimerl: Andere Wesen. Frauen in der Kirche. Wien, Graz, Klagenfurt 2015.

Peter Hünermann: Lehramtliche Dokumente zur Frauenordination: Analyse und Gewichtung in: Theologische Quartalschrift. Heft 173. 1993, 3. – S. 205–218.

Hans Küng: Die Frau im Christentum. München 2001.

Marias Töchter. Die Kirche und die Frauen. Herder-Korrespondenz Spezial. 2016.

Gerhard Ludwig Müller (Hrsg.): Von »Inter Insigniores« bis »Ordinatio Sacerdotalis«. Dokumente und Studien der Glaubenskongregation. Mit einer Einleitung von Joseph Kardinal Ratzinger. Würzburg 2006.

Gerhard Ludwig Müller: Hat die Kirche die Vollmacht, Frauen das Weihesakrament zu spenden? Stimmen der Zeit. Bd. 230 (2012), S. 374–384.

Georg Philipps: Kirchenrecht. Erster Band. 2. Auflage. Regensburg 1845.

Karl Rahner: Priestertum der Frau?, in: *Stimmen der Zeit,* Bd. 175 (1977), S. 291–301.

Ida Raming, Gertrud Jansen, Iris Müller, Mechtilde Neuendorff (Hrsg.): Zur Priesterin berufen. Zeugnisse römisch-katholischer Frauen.

Stiftung Deutsches Historisches Museum (Hrsg.): Leben nach Luther. Eine Kulturgeschichte des deutschen Pfarrhauses. Berlin 2013.

Margarete Stokowski: Unterrum frei. Reinbek 2017.

Jacqueline Straub: Endlich Priesterin sein! Keine Frage der Macht, sondern des Herzens. Fribourg 2017.

Ist die Ehe noch zeitgemäß?

Die Lust am Heiraten ist groß. Obwohl fast jede zweite Ehe in Deutschland wieder geschieden wird, treten fast jedes Jahr rund 40.000 Paare vor den Altar. Christiane Florin will den Leser auf den neuesten Stand dieser Diskussion bringen. Warum ist die Ehe für die katholische Kirche so wichtig? Was hilft Menschen? Und was der Kirche?